똥집대로 산다

시와문화 시집 72

똥집대로 산다

이명재 시집

시와문화

■시인의 말

나와 다른 이의 눈빛을 만날 때마다
내 눈이 흔들린다.
그들의 빛깔에 내 눈빛이 휩쓸린다.
때론 똥집대로 살고 싶다.
내 빛깔들 단단히 조여 놓고
내 팔다리 당당하게.

2023. 08. 이명재

|차례|

2부 얼어붙은 초침들 서격이다

3부 백마강의 밤 파도엔 잠이 묻어 있다

4부 푸른 눈물 자국

5부 석양으로 흐르는 스물여덟 자

1부

빳빳이 고개 쳐들고

강아지풀

제초제에 흠뻑 젖은 강아지풀들에게 물었다
너희는 어디로 가느냐
강아지풀들은 대답 대신
꽃 대궁을 하늘로 치켜세웠다
밭두렁 가득 빈혈처럼 쓰러지는 얼굴들이
단 몇 시간의 남은 생명을 대궁에 불어넣었다
일사불란, 처절한 강아지풀들의 사열
잠시 넋 놓고 바라보는 사이 대궁에는
꽃잎이 돋고
꽃잎은 채 피기도 전에 이삭을 맺었다
다시 물었다
너희는 어디로 가느냐
강아지풀들은 대답 대신 늘어진 잎을
땅에 눕혔다
바람 불고
강아지풀의 이삭을 훑어
나는 하늘에 날렸다
씨가 없는 나락들이 바람 따라 흘러가고
돌아서는 나에게 강아지풀이 물었다
너는 어디로 가느냐

내 손바닥 사이에 걸린 강아지풀 빈 씨앗 하나가
빳빳이 고개를 쳐들고
나를 바라보고 있었다

낙타와 실크로드

낙타가 고비사막 어디쯤을 지나다
모래언덕에 몸을 세운 바늘을 만났다
쪼그리고 앉자
바늘귀가 보이고 구멍이 보였다
저 구멍을 지나면 가나안일까
바늘귀를 가늠하며 낙타는 몸을 늘였다
혀를 길게 뽑아 늘이고
다리를 늘이고
혹을 눌러 뱃속에 박아 넣었다
1년을 늘이고 10년을 늘이고
끝없이 길어지는 낙타의 몸 위로 사람들이 지났다
사람들은 낙타의 몸이 길인 줄 알았다
사람들이 밟고 지날수록
낙타의 몸은 더 야위고 더 길어졌다
한무제의 말발굽이 지나고
페르샤의 붉은 신혼 마차가 지날 즈음
낙타의 몸은 동으로 천산天山의 분지를 건너고
파미르의 서쪽 바빌론에 이르러
비단실이 되었다
드디어 낙타는

바늘구멍에 몸을 넣을 수 있었다
수만 리에 몸을 늘인 다음에야
수많은 사람들에게 등을 밟힌 뒤에야
가나안으로 가는
스스로 길이 되었다

눕고 싶다

늙은 정자나무 가슴뼈에 비가 내리면
젖은 여름 흠뻑 흐르도록
검은 흙에 몸 박고 싶다

빗물처럼 주룩주룩 몸 안의 수액들이
흙 속으로 나를 끌고 간다
어린 나무 뿌리 같은 실타래의 촉수들이
등가죽 결결이 빠져나와
젖은 흙에 뿌리 내린다

수백 년 비를 맞은 저 정자나무가
햇살 쨍쨍 분수처럼 쏟아지는 날
넉넉한 품으로 그늘이 된 것처럼
다시 비가 내리면
피와 살 다 빠져나간 형해形骸의 내 몸 위로
앳된 정자나무 한 그루 솟구칠까

거목이 된다는 것은 늙어가는 것이라고
마저 남은 팔뚝 뼈와 정강이뼈와
골반뼈와 해골 뼈가 흙으로 밀려들면

내 골반 지하 수맥을 뚫고
내 팔다리 철근 골조 원줄기가 될까

새 가지 뻗을 때마다 넉넉해지는 차양遮陽의 품
비를 맞으며
홀로 늙은 정자나무는 새잎을 틔우고
나는 거목의 녹음을 꿈꾸며
젖은 흙에 등줄기를 박고

개나리

4월 첫 비가 쏟아놓은 꽃 무덤을 만났다
담장 아래 분이 다 지워지지 않은
개나리의 젖은 꽃잎 앞에 허리를 굽혔다

옛 제적등본에는
가지마다 흐드러진 꽃잎처럼
왜 그렇게 이쁜이가 많으냐
入粉이, 立芬이, 粒芬이

한자로만 이름을 등록하던 강점기의 서기는
잠깐 펜 머리를 갸웃거리다가
따님이 쌀가루처럼 뽀얗겠어요, 入粉이
따님은 꽃향기가 될 거예요, 立芬이, 粒芬이
한자는 달라도 이 땅의 싱그런 딸들은
모두 이쁜이다

그 많은 이쁜이들 가운데 내 이쁜이는 1953년 봄
스무 살의 남자를 만났다
노란 분이 다 지워지지 않은 신혼 한 달
전쟁터로 떠난 남자는

휴전 한 달을 못 기다려 6월 흙바람이 되었다

여름날의 땡볕이 장마처럼 쏟아지고
젖은 단풍처럼 눈발은 쏟아지고
다시 4월 개나리가 피던 날 이쁜이는
새봄 같은 여자아이를 낳았다

그런데 제적등본의 뒷자리가 노랗게 텅 비었다
다른 이쁜이들은 떨어진 자리마다
새 꽃망울의 이름 빼곡히 늘어섰는데
어느 곳에도 내 이쁜이와
더 작은 이쁜이의 뒷자리가 보이지 않는다

한 생애 노란 꽃잎만 보듬고 살다가
제적등본의 빈칸처럼 잊혀간 이름
4월 첫 바람에 진 이쁜이를 만났다
빗물에 젖어도 노랑 분이 선명한 낙화
누구도 기억하지 않는 꽃잎 한 장

연가시

꼽등이가 참 많았어
비가 많이도 내리던 그해엔
시골 헛간이나 습한 동굴의 어둠 속 꼽등이들이
도시의 주차장에 흘러들었지
흐르는 어둠을 따라 아파트 베란다에 뛰어오르고
더러는 열린 창문 뛰어넘어
싱크대 아래 몸 적시기도 하고
침대 밑으로 흐르는 빗물로
건조해가는 몸집에 물을 끼얹기도 했지
꼽등이를 처음 보는 우리들은
귀뚜라미처럼 노래하는 것은 아닐까
여치처럼 메뚜기처럼 가을을 뛰놀지는 않을까 궁금해하다가
보았어
인터넷을 타고 몸집을 불려가는 연가시의 전설
2센티미터도 못 되는 몸속에
30센티미터가 넘는 연가시를 품은 꼽등이
가늘고 긴 몸을 내장처럼 둘둘 말아
꼽등이의 뱃속 가득 채운다는 연가시의 괴담
연가시는 숙주의 생식 기능을 없앤대

그것도 모자라
숙주의 몸통을 가득 채우고
끝내는 꼽등이의 몸통 터뜨리며 세상에 나온다지
그 연가시가 우리 몸속으로 들어온다면?
수 미터까지 자라 우리 몸속을 가득 채우거나
우리 뇌 속으로 파고든다면
우리의 몸과 혼은 연가시에 지배되는 거야
살인 기생충, 숙주를 죽이고 자신도 죽는
자살 기생충
우리들은 베란다에 튀어 오르는 꼽등이 퇴치에
긴 밤들을 보내야 했지
그해 비는 정초부터 가을까지 쉬지 않고 내리고
꼽등이들도 도시의 어둠 속을 번식해갔어
숙주가 번식하면 기생충도 개체 수가 늘어나지
꼽등이들이 가득한 도시
수많은 꼽등이 몸속에서 무리져 가는 연가시 떼
그런데 우리는 몰라
꼽등이의 몸속에서
숙주가 죽지 않길 바라는 연가시의 두려움
내 몸은 자꾸 커져만 가는데

내 몸이 크면 숙주가 죽고 나도 죽어야 하는데
그래서 날마다 날마다 내 몸이 크지 않기를 기도하며
실낱같이 다이어트하는 연가시의 고통
끝내 엄마 같은 꼽등이의 몸을 다 채우고 함께 폭발해야 하는
연가시의 길고도 긴 눈물방울

겨울 쑥대가 서 있는 까닭

꽃샘 지난 개울둑 새싹 푸르다
겨우내 얼어붙은 수북한 쑥대 숲
봄 쑥 여린 고개를 내민다
다가서자 문득 눈이 아프다
붉은 낙엽과 눈바람 속에서
말라붙은 저 묵어 비틀어진 쑥대 탓이다
아직은 봄이 아니라고
개울둑 가득 늙은 쑥대들
내 눈을 찌른 까닭이다
흰 머리칼의 뼈대를 곧추세운 쑥대들
어린 새싹의 발목을 부여잡고
서두르지 말라 한다
아직은 몸집 키우지 말라고
마른 몸뚱이 햇살을 가린다
봄이 왔는데 새싹의 꿈을 가로막는 늙음이여
미라의 쑥대를 꺾어내자
무더기로 일어서는 어린 쑥들 은빛 푸르다
무채색 대지에 번져가는 생기
가슴팍을 감싸 흐르는 쑥 내음
흐뭇이 돌아서는 이마에
문득 3월의 바람이 차다

저녁 숲

차를 타고 가다 숲길에 발길 내리면
숲에는 저녁비가 내렸다
거기엔 여름 장마 끝에 피워낸
산나리의 붉은 웃음, 혹은
불길처럼 솟아오른 여름풀의 행렬들이
긴 똬리를 틀고 어둠 속으로 이어지고 있었다

숲을 뚫고 달리는 2차선 도로
자동차의 헤드라이트에 걸린 숲의 표정이
자꾸만 어둠으로 번뜩였다
환하게 한 번 돌아보았다간
휑하니 물러나 다시 어둠이 되는
숲의 몸짓
저녁비가 내리는 숲은
어둠보다 먼저 빗물에 젖고
빗물보다 먼저 잎새들이 어둠에 떨었다

길에서 멀어질수록
벌레 울음에 감추어진 숲의 흐느낌이 진해지고
숲에 피어난 들꽃 몇 송이

벌써 단풍이 되어버린 노란 잎새도
모두 빗물에 젖어 있었다

산나리 꽃잎이 어디 웃음이기만 하더냐
풀섶이 어디 푸르기만 하더냐
어둠에 젖고 빗물 따라 흐르다가
푸른 잎새 붉은 꽃잎 하나
가지 끝에 부둥키기 위해
휘어지고 꺾여진 뿌리로 침잠하는 숲
오늘 밤 숲길에는
빗물 같은 가을이 가득 흐르고 있었다

대한大寒

세상이 춥다고
땅속까지 얼어붙진 않는다
겨울 밭에 귀 기울이면
바스락 바스락
봄씨들 꿈꾸는 소리

지난가을 뿌리내린 보리싹들이
푸른 잎으로 폭설을 떠받치고
시절처럼 싹을 틔운 풀잎들이
눈 속에 몸 웅그리고
푸른 중심 감싸고 있다

우수 경칩에 드리울 초록 꿈
두텁게 두텁게 웅크린 채
겨울 잎을 펼치는 시금치
밭도랑 겨울 햇살을 향해
푸른 깃을 세우는 갓 잎새

귀 기울이면 들린다
겨울 흙을 움켜잡고 근육 키우는
굵고 흰 뿌리들의 외침

옹송그리며 떨고 있는 냉이의 중심에 초록이 돋고
이름 모를 갈풀*들이
하얗게 일어서는 소리

땅속이 차갑다고
오는 봄까지 얼지는 않는다
바스락 바스락
희망을 세우는 소리

*갈풀 : 갈보리, 시금치, 갓, 냉이, 달맞이꽃 따위, 늦가을에 싹이 튼 뒤 겨울을 견디고 이른 봄에 자라나는 풀.

실크로드

돌아올 수 없는 땅
타클라마칸의 땅에도 누란은 있다
들어서지 말라고
모래들이 움푹움푹 발을 묶는다

여기 실크로드가 별빛처럼 빛나는 까닭은
고난 위에 있기 때문이다
내 그 길을 걷는 까닭은
가로 놓인 모래언덕마다 목마름이 가득하기 때문이다
내딛을 때마다 무릎을 꺾는 모래 수렁
꺾인 다리 들어 올릴 때마다
함몰하는 몸뚱이만큼
오아시스의 갈구가 크기 때문이다

누란에 가면
모래언덕에 뜨거운 숨 퍼붓던 낙타가 목을 적신다
가죽신 가득 모래를 털면
누란 공주가 배웅하는 눈빛 저리다
불타는 모래 도시 투루판
풀들 웅성이는 우루무치*가 서성이고

눈 덮인 파미르의 정상 어디쯤에서
내 몸뚱이 끝내 얼어붙을 것이다

아라비아 사막 어느 북국에 세워졌다는
마천루보다 훨씬 높은 그 설원에 서면
비단길 젖은 풍경 발아래 펼쳐질 것이다
동으로 천산天山이 몽골의 등줄기로 굽이치고
서로 페르시아 노을이 붉은 장막 드리우고

거기서도 나는
얼어붙은 몸뚱이 우두우두 꺾을 일이다
차가운 모래 비단에 다시 발을 디딜 일이다
돌아설 수 없는 발걸음
우리네 삶의 고원 가득 펼쳐진 그 길

*우루무치 : 타클라마칸의 초원 마을

왕벚나무

비 내리는 왕벚나무 아래
꽃술들 흘러간다

펼쳐진 군락 한라산이라던가
만발한 사쿠라 후지산이라던가

산새들은 아무 관심 없는데
이 땅의 봄날마다
원산지가 이명처럼 끊이지 않는 것은

네 날개가 가벼운 까닭이다
짙은 녹음의 새잎보다
붉은 웃음 먼저 펼치기 때문이다

그 옛날 우리들은
학교 운동장마다 쑥쑥 뻗어오르는
왕벚나무 꽃비 속에서 자라고

흐드러진 꽃잎 속에는
아직도 이 땅 어딘가에 다 마르지 않은

역사의 땟물

다시 왕벚나무 아래에 서면
한바탕 춤사위로 쏟아졌다 빗물로 떠나가는
젖은 나의 입술

민들레

낮은 나래 더 낮게 젖은 흙에 눕다가
꿈을 꾸었다

머리를 들어봐
세상엔 나비가 날고 있지 않니?
저 푸른 하늘
솜꽃으로 흘러가는 구름의 유영

까마득히 자라난 쑥대며
하늘보다 더 높이 가지 드린 미루나무 아래
지난겨울 오래 얼어붙은 땅속
노랗게 품어낸 여린 알뿌리

다시 낮은 얼굴로 돌아보는
질경이 바랭이 강아지풀 손 맞잡고
흙 가슴 뽀얀 살결로 비벼 올려
겹겹 잎사귀로 거친 세상 감싸주고 싶었던

오래 사랑하려면 가벼워져야 해
밤새워 짓누르던 노란 꽃잎

목젖을 타고 오르던 새하얀 머리칼을
밤하늘 유성에게 날렸다

하늘 가득 흘러가는 별빛의 행렬
바람 부는 밤이면 꿈들은 쏟아져
낮은 풀들의 가슴에 내려앉는다

풀잎과 풀잎 속으로 만개하는
하얀 별꽃들

2부
얼어붙은 초침들 서걱이다

시절꽃

정액처럼 흐드러지던 밤꽃도 지고
가득하던 봄비 여름으로 향하던 6월도 중순
아파트 1층 베란다 앞 목련 나무에
꽃들이 피어났다
가끔 누군가의 발걸음이 잠시 멈춰서
와아 신기하다
시절꽃을 돌아보았다

지난 2월이던가
목련나무 한껏 봄꿈 키울 때
나무 때문에 햇살이 안 보여
나무가 베란다를 가리면 못 쓰는 거야
정원사들 달려와
팔다리가 잘리고 돋아나던 하얀 꿈들
땅에 떨어졌다

목련은 꽃을 피우지 못하고
잎을 틔웠다
4월과 5월 봄비를 마시며 목련은 한껏
푸른 녹음 키웠다

그 푸른 잎새 틈새로 봉우리를 만들고
꿈처럼 작은 꽃을 피웠다, 꽃은
흐드러진 화려의 백색 향연 아니라
녹음의 새치처럼 희끗희끗 펄럭였다

감성 좋은 참새떼나
시력 좋은 산비둘기만이 깜짝 눈길을 주는,
내 꿈 다시 잘릴지 몰라
6월의 목련꽃은
겁에 질린 초록 이파리 속에서
숨죽여 흔들리고 있었다

단풍

설악산 단풍 들었다네
볼수록 울긋불긋 단풍 들었다네
나는 가보지 못했지만
여기저기 소문이 떠돌고
화사한 단풍의 웃음들이 화보마다 그득그득 나돈다네
그런데 참 이상하지
왜 그 이쁘다는 단풍 구경을 나는
가본 적이 없을까
그 이쁘다는 단풍의 눈빛을
똑바로 마주했던 기억이 없을까
나도 더러는 단풍 구경을
가보긴 가 보았지
푸른 대숲 아래 펼쳐진 내장산의 빨간 눈빛을 본 적이 있어
대둔산, 태백산, 설악산의 가을도
그러고 보니 안 가본 데가 없는 듯한데
내 기억엔 바람에 떠는 나무
피 흘리며 몸 떨구는 나무의 눈물만 보여
단풍 구경할 깜냥도 없었던 걸까
산기슭과 계곡마다 빨갛고 노랗게
죽어간 단풍의 송장들

재작년쯤 떨어진 주검들이 켜켜이
까만 흙으로 돌아가고
그 위에 작년의 갈빛 낙엽이 쌓이고
올가을의 빨갛고 노란 살덩이들이 그 위로 서걱이는
가을 산의 풍장風葬
나는 아직도 이쁜 단풍의 기억
한번도 없어

초겨울

갑자기 추워진
유리창 너머 11월의 하늘 끝자락이
회색 눈꺼풀을 뒤집어쓰고 있다
성에 가득한 창가
10월의 그 파랗던 눈빛이
이제 보이지 않는다

오늘 밤
누군가 다가와 시린 손끝으로
드르륵 드륵
창을 두드리고 있다
밖에서 얼마나 떨었을까
문틈으로 새어들어 오는 입김에
성에가 날카롭다.
손 좀 녹이자고
가슴 좀 열어 달라고
밤길 지나는 사람의 두꺼운 외투마다
붙들고 애원하다가
이제 숨결까지 얼어버렸구나
가만 창문을 열자

와락 가슴을 파고드는 바람
11월의
창백한 얼굴

코스모스

늦가을의 어둠들은
낮 동안 키워온 햇살들을 지우며 몰려다니고
연분홍으로 흔들리던 한낮의 웃음들
발아래 뉘여 잠들게 한다
깊고 거친 머리칼
검은 옷자락 하늘에 풀어내는 어둠
밤은 감춰 두었던 내일 아침을
잉태하는 중이다

10월의 길가에 가슴 섶 풀어 헤친
희고 붉은 색정의 웃음
하늘거려 가슴 저미던 저 코스모스는
이제 밤바람에 머리칼 꼿꼿이 세우고
어둠 속에서 꿈을 꾼다
까만 씨앗 하늘로 흐르는
내년의 꿈을 꾼다

깊은 밤 돌아보면 거기
가로등의 불빛을 피한 검붉은 손각시*의 행렬이
어둠 속 포도를 따라

강물로 흘러간다
흘러 흘러 색정의 바다
흐드러진 내년 10월의 꿈으로 밀려가는
11월의 코스모스

*손각시 : 처녀 혼령.

미나리꽝

개울가에 겨울 햇살 머물다 간다
12월의 미나리
계절이 필 적마다 종아리가 잘려 나갔다

목마름처럼 피워내던 4월 떡잎
아낙들 칼로 뜯고 낫으로 베고
마대 포대 가득 일어서는 오후
저건 시장에 내다 팔 거야, 오염된 건데

걱정의 근원 속으로 지렁이들은 더 붉고
겨우내 움츠렸던 봄의 기지개 곁으로
오리 병아리 어미 따라 노랗게 헤엄을 쳤다

장마가 밀려오자 제초기에 다리를 베였다
여름에 질린 추석이 오고
겨우 일으킨 발뒤축이 다시 잘렸다.

풀들이 한꺼번에 쓰러져
보기에 말끔해진 하천변
모두들 누렇게 겨울을 맞는 동안

미나리는 다시 싹을 틔웠다
서릿발보다 차갑게 어깨를 곁었다

포기할 수 없는 한 뼘의 푸르름
그 위로 눈은 내리고 바람은 쌓여
더 파랗게 얼어갈 때
미나리는 희디흰 마디 뿌리 굳은살을 키우고
실지렁이 붉게 겨울잠을 키우고

잠은 얼어붙은 싹의 틈새로 자라나
겨우내 움츠렸던 오리들
다시 불러들일 것이다
살진 지렁이 뿌리 끝에 꿈틀거리고

시계

1.
달력을 보지 않아도 가을이 깊어간다
아침이면 이슬 머금은 코스모스의 행렬
바삐바삐 스쳐가는 손 시린 숨결 위로
단풍 든 미소들이 고개를 흔든다
한 치도 돌이킬 수 없는 나날 속에서
한 뼘쯤 발 멈추고 주위를 돌아볼 때
아직도
우리의 삶은 꽃잎인가

2.
일 년이 하루라면
고개 떨구고 낙엽으로 뒹구는
가을은 저녁이다
핏빛으로 살아 흐르는 코스모스
노을로 불타는 들판 위로
밤처럼 겨울이 오고
낮과 밤
추위가 달려오는 늦가을의 아침을 깨우는
오전 여덟 시의 시침

우리의 발걸음이 출근길에 바쁘다

3.
산 그림자를 지우며 쌓이는 시간
어둠을 밟고 돌아서는 퇴근길 위로
시월의 밤 10시를 알리는
보름달이 차다
발 시린 서릿발을 날리며 달려가는
시간의 좌표,
돌아눕는 우리의 잠자리 안으로
등 시린 단풍잎 하나 쓰러진다
12시 방향에서 잠이 들 우리의 숙면은
우듬지의 삼월 꽃잎을 그리는 갈대숲
얼어붙은 강둑에서
잠들지 못한 초침들이 서걱이고 있다

고사목

숲속, 오랜 밤을 지켜온 나는 안다
가슴 시리도록 세상을 덮어버린 칠흑의 숲
나뭇가지 사이로
몇 송이 별꽃의 숨소리 잠이 들고
가랑잎 헤치며 검은 살갗을 드러내던
몇몇 뿌리도 잠이 든다
서성이는 바람 하나 메마른 가슴으로 울 때
잠든 숲에서 나는
핏발선 발톱으로 일어서는 산짐승의 눈빛
살 저려오는 그리움의 떨림
깨어나길 외치며 쩡쩡
광합성의 햇살 키우며
기다려도 오지 않을 아침을
밤새워 꿈꾼다

나에게도 아침이 오느냐
밤새워 잠 못 들 때,
동녘 능선을 달려올 푸른 햇살 하나
언제 오려느냐 외치다 잠 못 들 때,
새벽을 꿈꾸는 산등성이엔 먼 훗날

밤들이 끌고 가는 비탈진 어둠의 실타래 끝으로
다가오는 아침을, 나는 안다
벗겨진 거죽 사이 켜켜이 다시 어둠 흐르고
천 년 꿋꿋했던 내 발목에
성성한 검버섯 백발처럼 피어올라
뚝, 뚝, 무너진 몸뚱이로 잦아들어도
아침은 밤새워 눈뜬 자에게 먼저 달려온다고
내 심연의 기다림은 송홧가루 날리며
푸른 솔잎을 피운다
저 어두운 하늘이 아침으로 빛나고
마저 떨어져 나간 팔과 다리
훨훨 날아 청청한 그늘이 된다

애비의 노을

찬 바람난 하늘 끝으로
흐드러진 코스모스의 꽃물 번지면
이 땅의 들녘엔 노을빛 가을이 진다
눈물 같은
애비의 앙상한 가슴팍 같은
여문 우울의 들녘이 진다

들판 속에서 저문 가을이 옷을 벗는다
그늘 속에서도 헐떡이던 한여름
담배밭 고랑을 지나던 애비, 그
그을은 손이 더욱 끈적하게 빛나는
니코틴의 옷자락이 진다
쉬임없이 흙내로 얼룩진 육십 평생, 아아 애비의
어둠 같은 가슴 드러내는 들
금빛으로 포장된
신음소리가 진다

석양은 어둠 앞에 저리 곱고
농산 지어서 뭘 해요, 아름다운 나라엔
쌀값도 싼데

아들의 뒤편에서 말없이 담배를 피우던 애비는
위암에 걸렸다
그토록 흙내만 고집하다가
건강에도 좋지 못한 내 쌀만을 고집하다가
엎혀버린 토혈吐血이 진다
찬 바람난 들녘의 하늘은
논두렁에 앉아 고요히 저무는 애비의 눈빛
남의 농사 좋다고
내 농사 버릴 수 없다는
애비의 법法이 진다
흐드러진 코스모스의 꽃잎들이
곱게도 곱게도 진다

감꽃

온 세상
짙은 초록으로 저물어가는
오월의 뜨락에는
석양빛 감꽃 가득 떨어지고 있었습니다
내 아주 어렸을 적
목 잘린 고욤나무의 묘목 위에는
접목된 감나무의 눈이
추락으로 일어서는 노을빛 새순
감꽃 같은 새잎 피우더니
이제는
날 저물 때마다 노을 한 자락씩
떨구고 있었습니다
오월은 모내기 철이라고
한평생 허리 굽혀 괭이질해 오신
아버지의 굽은 등살 더욱 깊어지는 철이라고
해마다 감꽃 지는 계절이면
가뭄은 극성을 부렸습니다
아버지 어머니 들에 나간 오후는 유난히도 길고
그 길고도 긴 봄날의 풀줄기에
떨궈진 햇살 둘셋 세어 꿰매면

그 햇살 더러는 꽃팔찌 되고
더러는 꽃목걸이 되고
행여 끊어진 햇살 하나 입에 넣으면
배고픔 뒤의 속쓰림처럼 맴도는 떫은 침이
장독대에 빈혈처럼 노랗게 널렸습니다
아버지는 늦게야 돌아오셨습니다
한평생 업보처럼 지고 계신 지게 위에는
힘겨운 석양 몇 자락 매달려 있고
감꽃 널린 뜨락 지나 밤이 온 지금
늙은 지겟목이
지친 아버지처럼 감나무에 기댄 채
잠들어 있습니다
아버지의 장화가 안타까이 밟고 지난
논두렁의 물꼬에는 목마름이 가득하고
오늘 밤도 비는 오지 않을 겁니다
어둠도 감나무도 지겟목도
지금은 침묵으로 쓸쓸하지만
조금 후면 동천에 달이 뜨고
감꽃 같은 별빛들이 잠든 지게 위로
굽은 아버지의 등줄기 위로

떨어져 쌓일 것을 믿습니다
바라만 보아도 입술 일그러지는
감꽃의 떫고 쓴, 아버지의 가문 웃음이
파아란 가을 속
빠알간 홍시로 열릴 것을 아무도 말하고 있지 않지만
내일 아침에도 아버지의 지겟깃엔
노란 감꽃 내음
노래처럼 피어날 겁니다

12월

똑똑, 바람이에요
낙엽이에요
새벽녘 시린 별빛이에요
눈발이 자꾸만
내 눈을 찔러서
사방이 너무 어두워요
귀 기울여 주세요
저기 겨울이 와요
내 살갗 더듬으며 달려와요
창문을 조금만
아주 조금만 열어 주세요
조금만 더 열면
우리가 들어갈 거예요
창턱에 걸린 겨울 한 자락도
턱턱 매운 숨 고르다가
쏴아아 몰려들 거예요
창을 열면
어둠 속 겨울 세상도
내 안에서 녹고
똑똑, 가슴 좀 열어 주세요

아버지의 대추나무

아버지는 대추알이다
마당가 홀로 된 대추나무 힘겹게 늙어가고
바람 불지 않아도
손톱만 한 대추알과 잎이 힘없이 떨어지는 가을날
멍석만 한 대추나무 그늘 아래
아버지가 앉아 있다
화물차를 끌고 쌍송용달 용역 일을 하는
이웃집 영배씨가 주워다 놓은 대추알만 한 소파 세 개
노을 지는 햇살에 몸을 맡기고
하루 한 번 마당가를 돌아보는 아버지의 일과
소파에 기대고 지팡이를 짚고서야 끙,
앉았다 일어서는 아버지의 등 굽은 몸짓은
영락없는 대추알의 서걱임이다
언제부턴가 아버지는 하늘을 쳐다보지 않았다
아버지 가을날이 참 파래요
놀빛이 맨드라미 꽃술 같아요
아버지는 대답 대신 땅을 보았다.
묵묵히 땅에 고정된 아버지의 눈빛이
흙빛을 닮았다
돌아보고 싶구나, 내 밟아온 땅을

들을 바다를
그렇게 돌아보는 아버지의 한나절 나들이
아버지의 시선은 끝내
차창 위 하늘을 향하지 않았고
아버지는 내내 머리를 떨군 채
당신의 발아래만 바라보았다
아버지의 발길이 뜸해질수록
마당가의 대추나무도 하나둘 잎을 떨구고
아버지가 다시는 외출하지 못할
초겨울 즈음
대추나무도 옷을 벗고 앙상하게 흙빛이 되었다
방안에 누워 꼼짝 않는 아버지
이불 속에 동그마니 누운 아버지는
낙엽 속에 숨은 대추알이다
아무도 줍지 않은 대추 알갱이들이
붉게 붉게 뒹굴다가 흙빛으로 땅에 묻히고
눈 내리고 봄이 오고
아버지가 흙으로 돌아간 이 땅에
다시 대추나무는 파랗게
새 잎을 틔웠다

귀신의 집

홀로 사는 구순의 엄마는 혼자 살지 않는다
산자락에 매달린 함석집에는
6남매 떠난 자리마다 거미줄 피고
아버지의 괭이며 낫들이
검은 도깨비 뿔로 녹슬어가는 헛간
녹 붉은 장도리로 엄마는 못을 박으셨다
당신 방문 앞 마룻벽에
한 땀 한 땀 그림자를 박으셨다
쿵 쿵 쿵
귀곡성 못이 박힌 자리마다
6·25 참전용사 젊은 아버지
등져 손 맞잡지 못한 할머니
먼저 간 형제의 얼굴이 걸렸다
서러운 울음소리 벽 밖으로 솟구치는 밤이면
지독*은 엄마의 잠을 깨웠다
엄마는 굽은 눈길을 더듬어
마룻벽의 어둠을 응시했다
미세먼지 같은 외로움이 캄캄하게 밀려오고
엄마는 미명의 얼굴들마다 갈퀴손을 얹었다
그런 밤이면 마룻벽이 웅성거렸다

칠흑 속에서 아버지가 총대를 내밀었다
손각시** 된 청상의 할머니가 소복의 머리칼을 세웠다
잠 못 든 엄마의 꿈속에서
벽에 박힌 먼먼 날의 소리들이
쿵쿵쿵 가슴을 때렸다
구순의 엄마 집에는 귀신들이 산다
먼저 간 귀신들의 자리를 넘보며 엄마는
오늘도 손톱을 간다
머잖아 돌아갈 자신의 자리를 고르며
그리운 이름들 마룻벽에 쓴다

*지독 : 도깨비나 귀신들이 집채나 마룻바닥, 마당을 뒤흔드는 괴성.

**손각시 : 처녀 귀신.

위층 고양이

위층 늙은 고양이
제집 앞에 배를 깔고
종일 누워 있다
그릇의 밥 어제 그대로 쌓여 있다
가까이 가면 눈 들어 나를 본다
몸도 마음도 무거워 나 좀 어떻게 해줘
태 낀 눈이 잠깐 흔들린다
가슴 저려 차마 눈 못 돌리면
내 맘보다 먼저 고개 떨구는
죽음을 준비하는 생
요양원에 든 우리 엄마

겨울 문상問喪

길목마다 눈 쌓인 아침
대문 앞 감나무 가지에서 숨 고르던 새 한 마리
허걱, 겨울 찬바람에 발이 걸려
날아갔다지

그랬다지
마당에 흐드러진 누운 눈발 치우다가
허거걱, 빗자루에 걸려
아버지가 쓰러졌다지

여든하고도 몇 해, 묵은 감나무처럼 살다가
남은 몇 발자국 빗질로 길을 열다가
낙상하는 몸뚱이에 깜짝 놀란 심장이
새처럼 날아갔다지

이 겨울 누군가는 떠나고
문득 보내야 하는 일이 낯설어
염습으로 끔벅이던 입술들
눈발처럼 땅 위에 뿌려졌다지

기억 1

-집안이 말끔하네

시골집은 비어도 오래 가는데
왜 이렇게 빨리 치워버렸을까?
빈집 앞에서 아내 짧은 숨을 낸다
난 너무 못 버려 집안이 꽉 찼어
젊은 날 혼수로 들여온 장롱엔
아직도 갯버들로 살랑거리는 원피스
아이가 불며 웃던 노란 리코더
쌔근쌔근 뒤척이며 잠든 기억들

빈집 속으로 바람이 흘렀다
주름살에 세월을 묻으며 버티던 여자
요양원으로 떠났다
여자가 떠난 자리에 자녀들이 찾아왔다
여자가 입던 옷들이
여자가 쓰던 밥그릇들이
여자가 담아내던 고추장 간장독이
텃밭 일구던 호미 괭이가
남편이 남겨둔 책이며 메모장들이
아들딸 덮어주던 이불 요들이

싹 지워졌다

집안이 말끔하네
바람 소리 잠깐 머물다 갔다

3부

백마강의 밤 파도엔 잠이 묻어 있다

백마강

달빛이 발걸음에 그림자를 드리는 날은
강변 갈대 사이 바람이 부드러웠다
강 언덕에 앉아
나는 오래 강물을 쏘아보았다
바람이 강물의 어깨를 쓸고 갈 때면
달빛은 흠칫 출렁거렸다
달빛이 밝다는 것은
내 가슴이 어둡다는 것의 다른 이름이라는 것을
그때 알았다

그때 나는 여기에 너를 뿌렸다
눈물을 걷잡지 못하던 스무 살이었다
내 발짝을 따라 갈대들이 검은 머리칼을 내리쏟았다
달빛을 더듬어 배를 탔다
아득하게 일렁이는 백마강의 밤 파도
물결 하나가 내 옷을 치고 갔다

유골함에서 떠올린 뼛가루가
물결보다 더 어둡게 퍼져갔다
추우면 옷을 입어,

그 옷에 구름무늬 무슨 필요 있겠느냐
꽃이면 되지,
채색의 꽃잎 더 필요 있겠느냐
스무 살의 나는 그렇게 말했다
옷도 채색도 없이
총총총 별은 뜨고
마지막 빈 상자가 두둥실 별빛에 젖었다

별빛이 내 발자국에 떠오르는 날은
백마강 백사장이 더 붉었다
흐르는 강바람에 나를 맡기면
더러는 바다로 가고
더러는 강물 속에 가라앉아 침묵하던 네가
불쑥 손을 내밀었다
뱃전에 흔들리던 젊은 작별
나는 발자국을 기울여 별빛 한 잔 따라주었다

비에 젖기

오늘 빗소리엔 잠이 묻어 있다
문득 볼을 스치는 차가움을 훔치면
어둡게 찌푸린 하늘
유성처럼 떨어지는 빗방울들
밤이면 소리만 남는다
잘 어우러지는 교향악의 합주였다가
조각조각 찢어지는 구름들의
비명이었다가
밤새워 내 가슴을 흐르면
어둠에 묻혀가는 강이 보인다

비가 오면 잠을 잔다
검은 표정으로 하늘이 열리고
비안개에 젖은 들, 언덕을 넘어
산이 흐르고
조그만 셋집 앞 공터에 가꾼 꽃잎들이
출렁이며 겨운 몸을 누일 때
길고도 긴 강물 위
거울 같은 빛살로 튕겨 오르던
잡다한 내 꿈들이

하나둘 떠내려간다

비 오는 날이면
눅눅하게 흐르는 방안에 누워
흐르는 빗소리에 귀를 기울인다
가슴 속으로 흐르는 강에 몸을 던진다
물고기가 되어버린 내 꿈들
지느러미를 늘어뜨리고
망망한 물결이 된다

화재

1.
내 집 불꽃으로 흩날리던 10월의 새벽은
전화기를 들고서도 119를 누르지 못하는 아내의 손끝
아내의 등을 베고 잠든 아이의 불안한 단꿈
소방차, 구경꾼들 모두 붉은 낯선 풍경
아하, 내장산 단풍이 한꺼번에 밤하늘을 수놓는
빠알간 현기
폭염으로 멈춘 침샘의 목마름

2.
빨갛게 불타는 밤을 보내고
잠시 눈 감자 달려온 아침,
생전 처음의 이 낯선 햇살은
진짜 불탄 것은 돈이 아니라며
내 멱살을 쥐어뜯었다
아무짝에도 쓸 수 없는 집기들과 무너진 시간
칸칸 방 안에 가득하던 햇살들이
큰 화덕 되어 한껏 아가리를 벌리고
그 속에는
긴긴 시간 맞잡은 주인집 아주머니의 손길과

이웃 가게 사장님의 웃음도
한 줌 재로 묻혀 있었다

3.
참 많이도 깨졌다
내 가진 힘의 몇 배였지, 아마!
내 아비와 아내의 어미, 형제 친구들의 손을 끌어
모두 털어 넣고 돌아서니
진짜 깨진 것은 돈이 아니라 수많던 이웃이었고
속이 상했다
창자가 썩어가는 냄새가 입속에 고이고
어느 날인가부터 나는
내과 병원문을 들어서고 있었다

4.
불이 난 뒤로
사무실도 새로 차리고 화재 보험도 들고
나는 가진 게 많은 사람이 되었다
재산이 많으면 겁나는 것도 많고
품 안에 처자식이 숨 쉬면 나를 던지기 어렵다는데,

내 것 잃고
아비와 형제 친구들의 손을 끌어들이니
그 빚은 사랑이었다
사랑도 빚이다 그 사랑이 버거워
숨도 크게 못 쉬며 살아가는 오늘 그만
나는 겁나는 일이 겁나게 많게 되었다

마흔 구들

방구들을 뜯는다
몸 비틀며 싯누렇게 승천하던 보일러의 불꽃
용광로에 몸 달구고 굽이굽이 달려와
내 등짝 달구던 호스들
허연 배를 내밀고 뒤틀려 나온다
도끼를 들고 방구들을 내리칠 때마다
한 장 한 장 부서져 내리는 시멘트 조각
부서져 스러지는 생활의 응어리
가만가만 마포 자루에 쏟아붓는다
부서져 모래알로 서걱거리는 작년과
아직도 다 부서지지 않은 올해의 끝 계절이
마흔 개의 부대 안에 차곡하다
아득한 시절을 헤아리며 어깨에 짊어지면
다리가 흔들리고 어깨가 내려앉고
모두 다 삶의 무거운 짐들
하나, 둘, 셋,
서른아홉, 마흔을 세고 돌아서 잠이 드는 밤
머리가 방구들보다 무겁다
머릿속에서 활활 타오르는 보일러의 불꽃들
나이 마흔의 고개턱 넘어가는
힘겨운 몸살

이사

1.
집을 고친다
과수원의 시골 한구석
페인트통을 들고
어쭙잖은 솜씨를 벽에 바른다
결혼 7년 차에 다섯 번째 이사
피곤하다
떠돌기만 하는 생활
품삯을 줄이느라
내 손엔 페인트 자국
망치질 자국이 지워질 날이 없다
몇 날 며칠을 애써
페인트칠을 마치고
잠시 누웠다, 떠도는 몇 년 살이
아내는 그저 웃는다
웃는 아내를 보면
눈물이 난다
일곱 살 난 아이도
자주 이사하는 것을
그리 좋아하는 눈치가 아니다

네 방이 생기는 거야
네 책상은 여기에 놓아줄 게 떠들어도
심드렁하다

2.
떠난다는 것은 자유로움이다
꽉 조인 뜨락에서 벗어나는
날갯짓이다
그러나 자주 벗어난다는 것은
자주 자유롭다는 것은
외로움이다
붙박일 곳 없는
자신의 삶을 다 짐지지 못하는
이 땅에 뿌리박지 못한 자가
나 뿐이랴
내 땅인 줄 알고 살다가
내 삶인 줄 알고 살다가
문득 그것이 내 것이 아니란 것을 알았을 때
정 붙이고 살아야지 내 생활
1년 2년 내 것인 줄 알고 사랑하다가

문득 그 자리가 내 것이 아닌 줄 알았을 때
나는 때 절은 몇 가지 생활 도구를 챙겨
자리를 옮긴다

3.
다시 장도리를 잡는다
누군가 살다가 남긴
떠난 그만의 자리,
그만의 생활이 벽 속 깊이 박혀 있다
여기저기
굳건히 박힌 그의 삶들이
장도리에 뽑혀 나오고
뽑힌 자리마다 깊숙한 그늘을 드러낸다
도배를 한다
장판을 깐다
먼저 살다간 자의 상처를 말끔히 지우고
나의 흔적을 심는다
필요한 만큼 혹은
괜한 흔적들이 여기저기 박힌다

4.

얼마나 더 떠나야 하나
이사도 오기 전
걱정이다
망치를 들고
페인트통을 들고 일할 때
친한 이들 찾아와
와 너무 예쁘게 단장되었네
낡은 집을 완전히 새로 지었군
시골 빈집이라고 하더니
살 만하네요

내 뿌리박지 못할 터
문득 돌아보면
꽃샘의 바람이 가슴을 치고 간다
여기는 예산군 오가면 사과골
4월이 오고 5월이 오면
내 뜨락엔 배꽃 사과꽃 향기가
눈처럼 비처럼 흩어질 것이다
꽃들은 끝내 내 발바닥 아래서 황토 속으로 스러지고

가을이면 황톳빛 배가
홍조빛 사과가
만발할 것이다

그러나
내가 서 있는 이 터란
잠시 발 디디고 서 있다간
떠나야 할 자유
가까운 내일이 아니라
기약할 수 없는 먼 훗날에라도
나는 내가 서 있을 땅
내가 책임 있게 가꾸고
이것이 내 것이다
이로 하여 함께 나누자
보여주고 등 비비고
함께 넉넉할 수 있는
나만의 구속된 터

나의 바람은 아직
슬프다

영덕시장

가을 새벽 댓바람에 잠이 깨니
영덕시장에 불이 났다
사이렌 소리보다 먼저
잠자리를 뛰쳐나온 발걸음들이
새벽 연기처럼 까맣게 몰려있다
IMF가 발표되던 날 새벽
아이를 업은 젊은 아내는
덜컥 심장이 주저앉았다
들어설 수 없는 집 안에는
오래 키워온 꽃잎들이 검붉게 일렁이고
아이가 자라 그때 아내 나이 되도록
주저앉은 가슴 진정되지 않는다
30년 약을 먹어도 스러지지 않을 충격을 안고
48개의 점포들이 주저앉는 현장
꺾인 저 발목들 다 감당하지 못해
영덕대게 가슴팍처럼 땅바닥에 납작 엎어진
젊은 날의 내가 거기 운다

여행

1.
역 앞 버스 안에서
차창 밖으로 걸어가는 사내를 보았다
사내의 발걸음은
신호등 앞에서 궁싯거리는 차량의 행렬을 닮았다
거칠 것 없이 이어지던 아스팔트 길이
역 앞에서 기역 자로 뚝 꺾인 자리
옆구리의 상처로
갈비뼈 툭툭 불거지고
붉은 살점들 묻어난 사내
어디로 가는 남루襤褸일까
찢어진 속옷 등가죽에 달라 붙이고
휘적휘적 꺾어지는 사내의 무르팍

2.
버스에서 내려 병원에 들어간다
병원에 가면 신기하다
환자가 모르는 병명을 의사는
늘 정확하게 진단한다
교통사고로 다리가 부러진 친구

천장에 매달린 깁스의 무게로
의사가 내린 몇 주 진단의 아픔을 나는 보았다
다섯 평 남짓의 병실
다섯 명의 환자가 병과 함께
몇 주 혹은 기약 없는 시간을 조율하고 있었다

3.
내 길고 긴 여행은
더러 돌밭 길에 구르는 자갈돌 하나
더러 비정한 시베리아의 바람 한 점
40년 여행길인데
나는 어떻게 더 흘러가야 하는 걸까
문득 뒤돌아보니
어깨 한편에 피 묻은 점퍼를 두르고
세상의 거친 바람을 끌며 가는
사내의 발걸음이 보인다
차창 밖으로
녹슨 사슬을 발목 깁스에 두르고
비척비척 걸어가는 40대 사내의
흔들리는 궤적

꺾이고 꺾이며 흘러가는
내 무르팍을 보았다

상처 나누기

어울려 살다 보면
누구나 상처를 나눈다
장마 뒤끝의 덕숭산 들풀들
머리꼭지에 꽃대궁 하나씩을 비녀처럼 꽂고
부쩍 몸집을 키웠다
아직 덜 마른 몸을 햇살에 널어놓고
꽃망울 받치던 잎의 가슴에 난
숭숭 손가락이 드나들
상처 구멍 말리고 있다
누군가 물어뜯고 간 풀잎의 생채기는
벌레들의 보금자리다
잎의 뒤쪽에 찰싹 웅크려
나도 잎이야, 몸뚱이를 풀빛으로 물들이며
고치를 엮는 벌레들
풀들은 구멍 난 생채기로 고치에 그늘 드리우고
아직 덜 붉은 꽃잎과 꽃잎 사이를 날며
풀잎의 상처 어루만지는
두어 마리 흰나비의 흔들림
함께 어울려 살다 보면
상처도 사랑이 된다

양파

누구는
양파의 껍질을 속이라 한다
벗겨도 벗겨도 속이란다
새로운 얼굴
늘 뽀얀 속살 드러내는
알맹이뿐이란다
그렇게 끝없는 속살만을 보이고
끝내 속을 보이지 않는단다

그런데 넌 봤니?
양파의 진짜 속살을
벗겨도 벗겨도 속이 보이지 않는 양파를 벗기다가
끝내 다 부서져 버린 몸뚱아리
그래, 넌 속 없는 놈이구나
돌아서 내다 버린 부서짐 속에서
파랗게 돋아나는 새싹

눈물 나는 겹겹의 동그라미
맨 가운데
속 같지 않게 길쭉하게

부서지지 않은
푸른 눈물 자국

손톱을 깎는 여자

-하현달

손톱을 깎는다
한 주일에 한 번 깎으면 딱 좋을 손톱을
하루 이틀 사흘
더 미루다가 깎는다
손톱이 긴 여자
긴 손톱 위에 조팝꽃 싸리꽃 매니큐어를 칠한 여자
향 내음이 나는 자줏빛 손톱을 내미는 여자를 보면
나는 손톱이 깎고 싶어진다

왼손의 주먹을 쥐고
엄지를 길게 내밀어 손톱을 깎는다
오른손에 힘을 주자
손톱깎이의 날 앞에서 팽팽히 긴장을 세우는
굵고 단단한 여자의 엄지손톱
손톱 끝을 채웠던 여자의 매니큐어가 벽으로 튀어 오르고
희디흰 조팝꽃이
자줏빛 싸리꽃이
푸르른 속살로 키워온 새끼손톱의 여린 떡잎이
발밑에 흩어진다

다시 손톱을 깎는다
왼손에 손톱깎이를 들고
오른 손톱을 깎는다
몇 달 몇 해를 간직해온 정성
여자의 안타까운 게으름을 깎는다
방안 가득 뒹구는 여자의 눈물
떨어져 나간 손톱 같은 여자의 가늘고 짙은 눈썹이
하현下弦의 표정으로
어두운 새벽하늘에 걸려 있다

손톱달

–상현달

예전에 여자가 말했다
붉은 볼을 지닌
손톱달만큼 예쁜 슬픔은 없다고

내가 대답했다 예쁜 슬픔?
슬픈 것이 다 얼어 죽었나 봐

한파주의보가 이 땅을 휘덮고
발걸음이 얼음으로 미끄러지는 저녁

동짓달 붉은 노을 끝에
여자의 손톱달이 떠있었다

산과 들 어둠들이 휘날리는데
하늘 가득 그리움을 불태우는 겨울 노을

붉게 붉게 물결치다
보랏빛으로 잦아드는 얼굴

태워도 다 타지 않은 눈빛 하나가
금빛 손톱 드리우고 있었다

서브프라임

가을비가 넉넉해서 반갑더니
쌀쌀하다
아침저녁 떨어진 찬 기운보다
11월을 향해 부는 10월의 밤바람보다
바다 건너에서 불어오는 바람
찢어지는 나라 살림
퍽퍽하고 고단한 삶의 가슴들 헤집는
바람이 매섭다
어두운 들녘 홀로 선 허수아비의 두려움
다 떨어진 나이 40대 가장들의 넝마가
바람 속에 나부끼고
막 날아가 버릴 것 같은 옷자락 부여잡고 펄럭이는
2008년 10월의 달력 한 장
세상의 수많은 나와 나들이
겨울 속으로 추락하는 낙엽 한 장

4부

푸른 눈물 자국

화가의 꿈

1.
겨울이 오면 밤마다
유채꽃 닮은 화가가 찾아들었다
더 이상 채색될 수 없는 어둠의 캔버스를
내 머리맡에 펼쳐놓고
등잔불 심지 같은 붓 들곤 했다
잠든 풀씨들의 잦은 기침 소리가
바람처럼 형형한
화가의 붓 날에 술렁이면
금빛 물감 위로 새 아침이 솟아오르고
한낮이면 나는
나아갈 방향과 멈춰야 할 곳이 어디인가
하나둘 보도블록을 헤아리면서
오래도록 걸었다
걷다가 숲속 어디선가 지친 어둠들이
눈발처럼 떨어져 오면
발자국 닮은 나뭇잎만 한 아름
안고 돌아서서
가시덤불 우거진 들이야 이 세상이란
청솔가지 꺾어 쓸며 나뭇잎 같은

화폭 하나 마련했거니
눈발 성긴 밤하늘을 화가는
노래 불렀다

2.
눈 내리는 겨울밤마다
화가는 작은 집 하나를 짓고 있었다
숱한 날 숲 헤매 찾아든
청솔붓 하나, 앙상한 가지의 팔다리에
멍든 머리칼 한 줌으로 펄럭이는
내 삶의 편린片鱗이여
밤새워 지나간 발자국 경계로 삼고
이지러진 겨울 하늘에 비껴 세우는
빛바랜 솔내음
정적의 어둠 속에
낙엽 같은 벽돌들 살 비비며 일어서는 생명의 집이란
화사하게 웃음 푸는 동창과
성에꽃 살 에는 북창
그 견고한 부딪침과 껴안음의 조화색이란
무엇일까?

갈피진 가슴 한편에서 암투하는
서로 다른 색깔들을 고르며
테 굵은 화가의 눈빛이
상심에 잠겼다
숲을 울려갈 청솔의 쩡쩡한 울음색
찾아가야지
숲의 어둠 속으로 화가의 발길
눈발처럼 떠나가고
아직도 남아있는 엉성한 서까래
찔레나무 이엉에 걸려 떠는 겨울 하늘
끝내 내 머리맡에서 잠들어갈
미완未完의 꿈

낙엽 한 장

손바닥에 가을이 탄다
가지 끝 부여잡고
뜨겁게 푸르르던 여름날의 편지 한 장
산과 들 불을 지펴
손가락 마디마디 화염이 인다

사랑은 오래 머물지 않는다
정염은 가을 산에 물들고
겨울은 얼음장에 봄꿈을 실어 간다지만
떠난 세월은 낙엽 한 장

재가 된 추억 끝으로 바람이 분다
단풍잎 하늘거려 가을이 진다
골짜기를 가르며 속삭이던
계곡의 물살처럼 눈이 내린다

눈발 속에 젖어버린 편지
물결보다 가늘게 퍼져가는 살얼음
여울진 손금 무늬로
겨울이 온다

눈꽃

날아간다, 무더위 속 장대비였다가
단풍잎 물들이던 이슬이었다가
바람의 옷깃으로 흔들리며
감기 몸살 신명나게 계절을 날아간다
열어라
닫혀버린 동면의 창살
얼음장의 하늘 성엣발의 바람이 차고 가면
강 언덕 일제히 머리칼을 풀어내는 갈대숲
나는 흩날리는 갈대 꽃술인가
바람은 끝없이 강물을 거슬러 흐르고
수천수만의 꽃잎들이
강물 속에 선명한 죽음을 떨군다

흑막의 한랭전선
한낮에도 그림자 어리지 않는 날은
보고 싶다
더 이상 물러설 수 없는 배수의 강
외투깃을 무시하고 파고드는 계절과
소름으로 일어서는
칼바람들 어디쯤서 쓰러지는지

한겨울의 허리쯤에서 잘려 나간 푸른 햇살의 기억
어디로 흘러가는지
얼마나 보고픈 꿈이더냐
끝없이 흔들리는 꽃술들의 춤사위
실낱같은 희망 하나 보듬는 내 추락의 살풀이여
얼어붙은 강가
꺾인 순백의 꽃잎들이
강물 위를 흐른다

무인도에서

안개 낀 밤하늘은 회색빛 꿈
방구들에 지친 등살 누일 때면
망망한 바다 한가운데
나는 쓸쓸한 야자수가 된다
거기엔 쌍쌍의 갈매기 날고 날고
곤곤한 물결만이 가득하다
가득하다 날아오르는 무인도의 꿈

살아가는 날들이란 무릇
돌아서 외로워하는 것이다
푸른 한낮이면 수평선 너머로
잦아드는 너울까지 눈길 뿌리다가
헤쳐 나가야 할 앞길처럼 파도빛 정적이 찾아오면
이토록 풀뿌리에 채여 우리는
주저앉는 것이다

마지막 빛의 후예로 흐르던 별빛도 잠들고
낡은 천정처럼 드리워진 밤하늘
내면의 잠결 위로
나락의 물결들 낮게 낮게 파도쳐 오면

달맞이꽃 환한 들길이
베게 깃에 고개를 꺾는다
더러 거친 물결 하나도 잠재우지 못하는
길고도 긴 날숨들의 뒤척임 따라
아, 하면 아, 하고 흩어지는 꽃잎들

흔들리고 있다 몇 개의
바람은 일어
망망한 물결 안고 견고해지는 야자수의 가슴
잠든 별빛처럼 물구나무선 야자 열매들이
끊임없는 물음표를 날린다
살아가는 날들이란
모두가 돌아서 외로움에 떨며 눕는 것
이따금 하품하는 꿈결의 뒤통수를 때리며
사방절애四方絶崖, 무인도가 깨어난다

오늘 밤

꿈도 깊으면 현실인 게야
젊어 한때
미어터지던 가슴 속 불꽃도
뒷걸음쳐 도망하던 비열도
내 자취인 게야
자갈밭 지천으로 돋는 쇠비름 하나도
호미 끝에 묻어나면 아픔이었고
논두렁마다 덤불로 퍼져나던 바랭이풀도
베어지면 눈물이었어

마음이 어지러운 밤이면 비디오를 켜
화면 속 가득
여러 얼굴이 웃고 가고
여러 세상이 울며 가는군
참으로 희한한 꿈속인 게야
아직도 어제의 꿈 못다 풀었는데
우당탕탕 서부를 누비는 건맨의 쌍권총도
몽골의 황사를 몰고 가는 징기스칸의 말발굽도
벌써 시들어간
가을인 게야

뛰쳐나가고픈 내 외로움과
홀로라도 꿋꿋하고픈 내 영혼
끝없이 가로막힌 산줄기였어
외로움도 어울림도
더러는 하나로 묶어내고픈 가슴
어젯밤도 갈라진 물줄기였어
이제는 자장가를 불러줘
오늘 밤 꿈속에선
바람이 되고 싶어
파란 구름이 뛰놀고 붉은 숲이 춤추는
가만히 자장가를 불러줘

내 별이 보이지 않는다

여름밤이라니
몇 잔인가의 술을 마시고 걷는
길 위로 별 몇 개 굴러간다
하늘엔 온통 취한 별들
갈짓자로 삿대질하는 카시오페아
북극성이 덩달아 주정을 하고
오리온 삼태성은 내 아들의 별이라고 뽐내던
친구가 시샘이 나서
아직 장가를 가지 못한 나는
한 잔 술을 더 먹기로 한다

포장마차에서 나오니 온통 별이다
천지사방 흔들리는 별 별 별
너도 별 나도 별 떠들어대는데
문득 발에 채이는 별 하나 있다
반짝반짝 개똥벌레?
발을 들어 밟아버리고는
혹 이것이 내 별은 아닐까 얼른
시선을 하늘로 돌린다
총총한 밤하늘의 별 가운데

가장 밝은 별 하나가
보이지 않는다
발밑에 깔린 내 별이
보이지 않는다

시인과 들꽃

1.
돈이 되지 않는 직업은 직업이 아니라고
교사란 직업은 있어도 스승이란 직업은 없다고
보육사란 직업은 있어도 어버이란 직업은 없다고
양로원을 운영하며 치매에 걸린 노인을 보살피는 김원장은
제 부모를 모시지 않는다
자식이란 직업이 없기 때문이다

언젠가 시가 돈이길 생각했다
시인이 직업이길 꿈꾸었다
들꽃 같은 시를 쓰고 유명해지면
집을 사고 자가용도 탈 수 있겠다 싶었지만
시는 언제나 돈이 아니었다
시인은 언제나 직업이 아니었다
그래서 생각을 바꾸었다
시는 향기라고
홀로라도 그윽한 노래라고
그래서 나는 새들이 지저귀는 숲에 들어가
들꽃이 되었다

2.

사람의 손때 묻은 화원의 화초는
꽃다발로 치장되어 돈으로 팔려 가지만
들꽃을 꺾어 시장에 나가 보라
들꽃이 언제 값을 받고 웃음을 팔더냐
한 줌 지폐로 가슴에 안기더냐
들꽃은 품에 안기는 순간 웃음을 그친다
생기를 멈춘다

그래서 들꽃다발 시집 팔리지 않는다
수려한 인공의 꽃다발들이 서점의 책장에 진열되고
더러 들바람 같은 이의 노래
펄럭이며 서점 구석에 흐르기도 하지만
시인의 밥이 되지 못하는 꽃
나는 언제나 들판에 나부끼는 바람
홀로 피는 정원사가 되었다

단풍

왔던 것들이 간다
백목련 진달래
봄 햇살로 피어났다가
희고 붉은 바람으로 간다

추적하게 내리던 장맛비와
거칠게 흐르던 강물들
삼라森羅의 이치처럼 흘러
붉디붉은 가을로 간다

곁에 있던 것들이 떠나간다
가슴 안으로 가을이 흐르고
낙엽이 지고
핏방울처럼 진한 아쉬움들
땅에 물든다

왔다가 사라지는 것들을 돌아보면
머지않아 길 떠나는
내가 보인다
떠나는 이와 남은 이가 충혈로 이별하는

이 가을
아득한 단풍

그해 봄, 코로나19

코로나가 왔다
태양의 두르고 흐르던 눈부신 무지개들이
먼먼 발걸음을 서둘렀다
코로나가 왔다고
벚꽃이 치장을 했다
겨울 대기의 무채색을 지우며
도심과 산과 강
봄보다 희고도 붉은 드레스를 수놓았다
코로나가 왔다고
나무들이 잎을 틔웠다
세상 가득 용트림을 칠하며
산과 산 들과 들
봄보다 더 푸른 초록을 펼쳤다
그 푸른 기세에 놀라
사람들이 방안에 처박혔다
공장의 기계가 굴뚝들이 숨을 죽였다
하늘이 눈을 비며 미세먼지를 거두고
부둣가의 선박도 기름띠를 거둬
하얀 물결 부둣가에 풀었다

낮잠

종일토록 헤매다 돌아서면
찔레꽃 핀 들판
찢겨나간 내 가슴팍의 살점들이 뒹군다
멍든 구두 뒷굽 아래
아야야
부끄러운 한낮이 쓰러져 있다
서투른 세상의 아침마다
빛살처럼 환한 꽃잎 날려보지만
날아간 꽃잎 돌아오지 않는다

돌아보면 모두가 어제의 수레바퀴
지친 의식만큼 쉬고 싶은 날이면
강가에 잠이 든다
강물에는 꿈결처럼 흔들리는 물고기 떼
자세히 들여다보노라니
내 꽃잎 하나씩을 물고 있다
강물 속에서 갈대들의 그림자가
우우우
꽃잎을 몰고 간다

가로등의 비호를 받는

가로등의 비호를 받는 콩 줄기는
낙엽 지는 가을을 예견하지 못한다
마당가에 가로등이 생기면서
동네의 어둠들은
밤이 깊을수록 저만치 물러났다
기차도 버스도
잠시 잊고 지나치는
동네의 산과 산 사이의 돌자갈 흩어진 밭두둑
아버지는 마당가를 고이 일궈
예년처럼 검정콩을 심었다
밤이 없는 콩들의 나날
콩들은 밤과 낮을 구분하지 못해
가지와 잎을 마당가에 가득 드리우고
여름내 아버지는
다른 곳의 콩보다 무지하게 식욕 왕성한
콩 줄기를 바라보며 고개를 저었다
가을이 가까워질수록
아버지의 얼굴엔 허허로운 웃음꽃이 피고
찬바람 일렁이는 지금
콩들은 열매 맺기는커녕

꽃도 피울 줄 모르는 시절이 되었다
이제 머잖아 서리가 내릴 텐데
얼마 못 가 저 푸른 식욕
조락으로 스러질 텐데
가을이 깊은 지금도 콩들은
기고만장 새잎만 틔우고 있다

사이비

골고다 언덕 높고 높아서
십자가는 홀로 우뚝 하늘에 솟았다
순백을 가장한 양떼들
꿇고 엎뎌져 아멘 소리

극락에 서방정토 높고 높아서
연꽃대는 홀로 붉게 허공에 피었다
자비를 노래하는 중생들
두 팔 모아 합장하는 예불 소리

태초의 말씀 바람이었다

싯달타의 평원 그 소소리바람
갠지스의 물결 타고 동쪽으로 흐르고
나사렛의 가슴팍을 치고 일어나
유대의 모래시계 지중해로 흐르고

히말라야 눈발에 젖어 내린 붓다의 머리칼
아라비아 모래언덕에 쉬어 버린 야훼의 메아리
긴긴 세월 돌고 돌아

그 말씀 다시 바람이 되었거니

황사바람 일렁이는 허공을 우러러
찬송도 예불도 없이
나는 홀로 무슨 말씀 외쳐야 하나
나무아멘타불
그리스도보살

스물이 좋다

세월이 너무 느리다
엄마 손을 잡은 유치원 아이의 눈가에
초등학교가 어른거린다
아직 가보지 못한 운동장이
1학년 형과 언니가 걸머진 책가방 속으로 부푼다

학교에 가면 엄마 손 놓아도 좋아
푸른 햇살처럼 자라난 중학교에서
아이는 엄마 아빠를 벗어나고 싶다
수풀 우거진 교정 밖을 달리고 싶다

숫자가 늘어갈수록 세월이 빠르다
들판 가시풀에 넘어질수록
무뎌진다, 커가는 아이와 늙은 어미
보살피고 돌아봐야 할 것은 늘어나고
내일의 기대치가 헐거워지는 나이 마흔

다시 봄이 와도 심드렁하다
푸른 봄풀 붉은 꽃잎 설레지 않는다
어제가 그런 것처럼 내일도 그럴 것이다

뻔하다, 꽃 진 뒤 익어가는 붉은 가을
몸은 중량 더해가는데 오갈 데 많아 오십

세월은 스물이다 지나온 발자국과
걸어갈 발자국이 팽팽히 줄다리기하는 스물
세월의 기대치를 고르다 고개 떨구는 스물
갈피 진 사랑 젖은 가슴 흐느끼는
스물이 좋다

새벽 노을

아침 해는 지기 위해 뜬다
한나절
세상 가득 뜨겁게 달구다가
더 오를 수 없는 절망 끝에서
나는 나이를 먹고
해는 지친 발자취를 끌고
서쪽 하늘로 간다
꿈은 기억이다
해가 끌고 간 발자취마다
붉은 살덩이 무너져 노을은 피고
그 멍든 꽃잎에 젖어 내가 산다
저녁 해는 뜨기 위해 지고
나는 기억되기 위해 지지 않는다
추억으로 바래버린 어제들을
손끝으로 되짚으면
이 밤내 잠 못 든 슬픔들이
새벽노을로 충혈되고 있다

5부
석양으로 흐르는 스물여덟 자

서리가 오면

서리가 오면
흔들리는 건 이 땅의 이름 없는 풀잎들 아니라
지층 깊이 묻혀버린, 아니
묻어버린
우리들의 눈물 같은 별들이다
가을 가지에 걸린 몇몇 단풍의 울음이거나
떨어져 밟히는 쓸쓸한 우리의 소망 하나도
뿌리 모를 곳에서 출발하여
뿌리 모를 곳으로 흘러가는 물결 위에 출렁이는
눈물 닮은 이름들이다
이름들이다, 자고 나면 나무껍질로 살아 오르는
새 삶의 역사, 고난의 역사처럼
우리의 눈두덩을 한없이 짓누르는 눈꺼풀
창틈으로만 구르는 햇살은
더러 우리 가슴 속에서도 푸른 꽃잎
피울 수 있을까
있을까, 물 한 모금 애타는 갈증 속에서
엎어지고 깨어진 우리 망각의 미래를
문밖을 나서면
지난밤 들춰본 낡은 일기장 속 유년의 노래

피다 진 하얀 꽃가루들이 골목 응달마다 칼날처럼 늘어서 있고
서리가 오면
흔들리는 건 우리의 시린 발걸음들 아니라
지층 깊이 묻혀버린, 아니
묻어버린
이 땅의 서러운 눈물들이다

대설 경보

1.
학원에 나가지 않았다
영동지방 1미터
30센티미터의 눈발이 중부지방을 덮던 아침
만년설에 갇힌 지층처럼
오래도록 깨어나지 않는 꿈속에서
나는 강의를 했다
학생들은 무채색의 들판에 주저앉아
아무것도 보이지 않는 하늘을 향해
빈 손짓을 되풀이하고
아무것도 잡히지 않는 허공 위에서
나의 손은 부지런히 판서를 했다
여덟 시간의 학교 수업으로는
채워지지 않는 허기
시간을 맞추지 못한 학생 몇몇이
겨울을 밟으며 들판 끝을 달려오고 있었다
하나같이 그늘진 얼굴들
더러는 쓰러지기도 하고
더러는 절뚝거리는
지각한 그들도 하늘을 향해 빈 손짓을 시작했다

나는 판서를 계속했고
내 목소리는 흐트러진 노래가 되어
그들의 손짓을 닮고 있었다

2.
밤늦도록 우리는 노래를 불렀다
학생들의 손짓과 나의 손짓에 어울리는 음계를 찾아
높이 더 높이 떠오르는 달빛
우리는 달빛 같은 노래를 불렀다
노래는 하늘로 올라가 구름이 되고
하늘 저편에 휘날리는 닭살 같은 소름들
소름들 속에서 우리는
우리들의 노래, 우리들의
달빛이 갈라지는 것을 보았다
반사하는 순백純白의 춤판도
한밤의 정적도
우리 눈동자 안에서 갈라지는 것을
조금씩 조금씩 달빛은 부서져
원무圓舞의 하얀 눈발이 되고
한 켜 한 켜 쌓이는 달빛의 시신들은

들을 덮고 산을 덮어
시오리 산간의 언덕길을 따라
흐느적거리는 우리들의 발자국을 지웠다
발자국보다 더 깊은 외로움
섣달도 보름이 지나
이우는 달빛 아래 걸어가는
또 다른 우리들의 길을 지우고 있었다

한글날

시월 초아흐레의 하늘이 가을빛이다
나랏말씀이 중국과 달라 이런 전차로
나랏글을 만들 때
대국大國의 서슬도 푸른 가을빛이다
어린 백성이 이르고자 할 바 있어도
답답함보다 더 크게 떨리던
사대事大하는 위정자의 가슴,
그 두려움의 여울도 가을빛이다
미어진 백성들 가슴 틔워줄 정음正音
서북에서 불어오는
대명大明의 찬바람에 파랗게 떨다가
제정일도 바르게 기록해 놓지 못한 채
붓을 꺾던 조선의 사관들아,
그대 가슴도 슬픈 가을빛이었느냐
아직도 떳떳한 줏대를 찾지 못한 이 땅에는
대양大洋의 먹구름 가득하고
하늘의 가슴도 울대도
멍든 가을빛
시월 초아흐레의 새로 스물여덟 자가
석양으로 흐르고 있다

비 내리는 학원 풍경 1

학원 버스를 운행하는 골목길에 차량들이 길게 엉켜 있다. 길옆 오토바이를 피해가려다 오도 가도 못하는 차들. 잠시 차를 비껴 세우고 오토바이를 벽 쪽으로 밀쳐내니 휴우, 차들이 지나간다. 차에 오르니

'선생님, 참 착한 일을 하시네요.'

학원 버스를 운행할 때면 어린 동생들의 타고내림을 돌봐주는 용운이 나를 보고 있다. 눈빛이 반짝 물기를 머금었다.

'그래, 어른들도 가끔은 착한 일을 하지.'

대답하고 출발하는 가슴 잠시 붉다.

두 달 전 용운이 왔다. 함께 온 용운이 엄마는 어느 학원에 들렀더니 받지 못하겠노라 해서 지나다 들렀다 한다. 눈 마주치자 조용히 떨어지는 얼굴 너머로 어둠 하나 보였다.

'70분을 가르쳤는데도 시간을 계산 못 해요.'

수업을 마치고 나온 선생님이 입 안 가득 거품을 물었다.

늦은 여섯 시, 겨울비 내리는 학원 문밖에서 용운이 가방을 챙긴다. '5학년 수학'이 아니라 '2학년 수학'에 2자가 지워진 책을 가방에 넣는다. 용운이는 끝내 지워진 글자에 대해 묻지 않는다.

‘오늘 탁구 시합에 나가 상대 학교 선수를 이겼어요.’

말수 적은 용운이가 오늘 소근소근 눈치를 살핀다. 내 눈길이 말없이 용운이 머리칼을 쓸며 간다.

비 내리는 학원 풍경 2

벌레는 왜 꿈틀꿈틀 징그러워요?
그건 우리와 다르니까
우리와 다르면 징그러운 거예요?
그래, 세상의 눈들은
자기와 다른 것은 멀리한단다

1학년 혜림이
나를 오른쪽부터 본다
눈이 오른쪽에서 왼쪽으로 돌아가
나를 볼 때 왼쪽으로 본다
엄마 얼굴 그릴 때면
종이를 왼쪽에 두고
동그라미 왼쪽으로 그린다
엄마 오른쪽 눈동자가 먼저 까맣고
왼쪽 눈동자가 나중에 까맣다
혜림이 발길질 왼발이다
운동장에서 놀 때면
몸이 자꾸만 오른쪽으로 움직여져
오른발을 땅에 세우고
왼발로 공을 찬다

그 혜림이가 지금 운다
오른편에 공책을 두고
오른손에 연필을 들고
나는 왼손이 편한데
왜 엄만 자꾸 오른손으로 글씨를 쓰라고 해요?

눈물을 훔치는 혜림이 손이
나와 달라 마음 쓰리다

비 내리는 학원 풍경 3

가난한 수강생 장부를 뒤적이다가 어딘가로 떠나가는 별을 보았다. 그 별은 내 책상 깊은 어둠 속에 갇혔다가 터져버린 호주머니를 지나 허벅지를 타고내려 흐르더니 발목 어디쯤으로 빠져나와 모래바람에 뒤섞여 버렸다.

아이야,
네가 깨어나기 전부터
나는 보따리 장사란다
내 보따리 속에는
반짝이는 별들이 수없이 서걱이고 있단다

별은 바람과 함께 어둔 도시의 하늘을 헤매다가 시골 과수원 외딴집 지붕 위로 몰려와 쏟아지기 시작했다. 올봄은 유난히 비가 많은 계절이었다. 깊은 어둠을 수놓던 소쩍새의 울음과 함께 젖어 흐르던 숲들이 가만 몸을 떨었다.

책을 쥐어주세요 댁의 아이는 푸른 구슬이에요
저린 가슴을 쓸며 헤진 분필을 어루만지며
전화번호를 누르는 내 입술은
수강료 10만 원을 먼저 생각하는 고도의 입술치레라고

전화선을 타고 바람이 불었다

아이야,
행여 떠도는 별 하나 다잡아 줄 수 있을까
보따리를 뒤적여보지만
이제 네게 전해줄
남은 별이 많지 않구나

하늘가엔 슬픈 눈망울들 웅성거리고, 오늘 밤은 늦도록 비가 내렸다.

성묫길

아버지, 우리
헐렁한 바랑을 지고 가요
숱한 계절 풀뱀들이 흘려놓고 간
도토리 신갱이* 나무의
시린 생채기
나뭇잎에 실려 떨어지는
가을새의 울음도
주우며 가요

대지가 푸르름을 잉태하기 전부터
이 골 깊은 산등성이엔
상두꾼의 먼 발맞춤이
지나갔어요
6·25는 할아버지를 예 뉘이고
아직도 총성 멈추지 않은
이 땅 가장 작은 산등성이
할머니의 설움도 잊은 채
아버지, 할아버지는 지금 편안하실까요

바람 불고 비가 오면

농성하며 침묵하던 풀과 나무
거친 호흡 펄럭이고
알 수 없는 들꽃 피었다 질 적마다
엎드려 흔들리던 아버지의 등줄기 너머
아버지, 돌아누운 할아버지의 새우잠도
수 없이 일어서곤
쓰러지셨어요

푸르게 흘러가는 구름 짙어지고
이 길, 이 자리에 눈이 내리면
한 발 한 발 절룩이며 걸어온
몇 시대의 산길을, 아버지
나는 다시 오르렵니다
굽어진 산허리마다
발자취들, 바람 가득 매달려 오리니
다시 오르렵니다 움푹움푹
당신과 내 역사의 흐드러진 길을

*신갱이 : 신갈나무의 열매. 껍질이 흰 상수리.

아카시아

보았다, 솔숲을 가다가
소나무처럼 위로만 자란 아카시아
하늘로만 솟아 덩굴 식물같이 여린 가지 끝
양산처럼 펼친 하얀 꽃내

처음엔 소나무인 줄 알았다
솔숲을 거닐면
소나무 붉은 힘줄들 늘어서 길을 틔우고
저녁 안개로 가늘게 몸 흔드는 나무
그 가느다란 줄기를 따라 까마득한 하늘 끝을 본 뒤에야 그게
아카시아란 걸 알았다

쉼 없이 하늘을 꿈꾸며 살아온 게다
누구도 오르지 못하는 숲의 하늘
날카로운 솔잎에 상처 입으며
숲 꼭대기에 가득 펼쳐진 햇살, 그
햇살 만날 수만 있다면 나도
솔처럼 당당할 수 있어
그렇게 하늘에 한 다발 꽃잎 드리운 게다

솔숲을 가다가
짙푸른 솔 위로 꽃내음 풀어내는 아카시아
붉은 거죽으로 힘살 두르고
굵게 굵게 뿌리 박은 푸른 솔을 꿈꾸다가
바람 불지 않아도
비가 오지 않아도
자꾸만 기우뚱거릴 것만 같은 몸뚱이
질려 하얗게 쏟아내는 아카시아 눈물을
나는 보았다

칼
-김치찌개를 끓이며

싱크대의 칼집 속에는 상고시대가 잠들어 있다
녹슨 전설은 아침저녁으로
거친 숨을 고르며 날을 벼리고
나는 천하의 지도처럼 펼쳐진 도마 위에
가장 굳은 쇠붙이라 불리는
만년 한철, 만년 오철
세상의 오직 하나 명검을 꿈꾸며
만년 세월을 견뎌온
칼을 뽑는다
고래 전국戰國의 구야자가 벌떡 살아나도
간장막야 조나라의 거궐도
뽑히지 않은 칼은 이미 칼이 아닌 것
나는 득의의 잇몸을 뿌리며
김치냉장고를 열어젖혀
핏물 젖은 먹잇감을 하나 건져 올린다

명검도 휘둘러진 다음에야
이름을 더하는 게야
양초가 뜨거운 아픔을 피하면 더 이상 초가 아니고

칼은 녹이 슬면 더 이상 칼이 아닌 게야
제 몸을 닳지 않는 의미 없고
제 몸을 태우지 않는 의미도 없어
숫돌에 몸 줄여 날 세운 나의 명검아,
네 힘을 보여줘

한 번 휘두르자
몸뚱이가 동강 나는 소리
썩둑썩둑 도마 위로 흐르는 선혈의 강물
머리에 불꽃을 인 가스레인지는
스스로 제 머리를 태워 불꽃이 되고
온 세상 풀과 나무로 번져
피바람 일렁이는 중원의 싸움터가 되었다
붉게 끓어오르는 김치찌개
동강 난 살점들이 서로 엉켜 익어가는 인육의 고소함
침 흘리는 삼지창이 김치찌개 속으로 들어가
끓는 핏물에 입술을 적시는 순간
나는 세상을 뒤덮는 권력이 되고
칼은 도마 위에서 내 권력을 옹호하는
전설의 사상이 되고 있었다

해빙기解氷期

백악기
어둠 속 공룡 한 마리가
거칠게 성에 숨을 내뿜으며
알 하나를 품고 있다
둘러보면 아득히 눈발 날리는 들판
얼어붙은 칠흑의 하늘 우러러보다
발밑에 잠든 알에게 깊은 눈길 떨구다가
6천만 년 뒤
슬프게 얼어붙은 공룡의 마지막 숨소리는
어느 바닷가
돌로 굳어버린 알과 함께
화석으로 발견되었다

21세기
하늘 가득 온실의 구름
사하라의 무너진 모래언덕으로부터
아이슬란드의 고요한 마을까지
폭풍이 회오리치고 바닷물이 넘친다
그것은
운석의 충돌과

흙먼지로 캄캄한 하늘
급작스런 빙하기의 엄습이다
녹아내린 알래스카의 어느 골짜기
얼어붙은 빙원을 찾아 헤매다가
아기 끌어안고
북극곰 한 마리 죽어가던 현장은
먼 훗날
웅크린 곰 두 마리의 화석으로 발견되고
우리는 또 어디쯤서
슬픈 재앙의 화석으로
뒹굴고 있다

■해설

자연의 섭리, 언어를 통한 사람살이의 해명

박 몽 구
(시인·문학평론가)

언어는 존재의 집이라는 하이데거의 말만큼 시간이 흐를수록 절실해지는 명제도 드물 것이다. 이 말은 모름지기 지상에서 태어나 꾸려가는 우리들의 모든 삶과 사유가 언어를 통해 드러난다는 것을 의미한다. 물질문명이 지배하는 현대사회에서 인간은 자신의 본래적 성질을 온전히 내맡길 수 있는 고향이나 집과도 같은 장소를 상실하고 자기 삶의 주체가 되지 못한 채 유령처럼 떠도는 존재다. 이러한 인간에게 언어는 고향-집처럼 자신의 존재를 찾아줄 반려가 된다는 것이 하이데거의 견해이다. 그가 관심을 가진 언어는 시적 언어이다. 과학적 언어는 물질문명을 강화한다. 자본주의의 도구로서 인간을 포함한 모든 사물을 물화시키고 수단화함으로써 특정한 역할에 그 존재를 복속시킨다. 반면에 시적 언어는 경직된 사물의 양태를 '움직이게' 하고 그 고정

된 의미를 해방하여 자유롭게 한다. 바로 이 시적 언어가, 고향을 상실한 현대의 인간에게 '정신의 거처'를 마련해 준다. 인간은 언어에게 자신의 존재를 초연히 내맡김으로써 자기 자신이 되며, 동시에 비본래성에서 본래성을 되찾음으로 인해 '치유'되는 것이다.

소쉬르는 언어를 기표記標와 기의記意로 나누면서, 양자는 끝없이 어긋난다고 설파한 바 있다. '기의'는 의미를 담은 언어이지만, 인간은 한 가지 의미에 만족하지 않고 그에 도달하기 위한 표기 언어, 발성 언어들을 끝없이 만들어 왔다. 구조주의자들은 이 같은 언어의 속성을 빌려, 고정되지 않은 채 수많은 기표들이 양산되는 것을 욕망을 해석하는 수단으로 사용해 왔다. 자신에 걸맞은 기표를 찾아 끝없이 유랑하는 시적 언어의 탐구는 하이데거가 언어를 존재의 집으로 여기는 자세와 일맥상통한다.

고유 방언을 통해 존재를 드러내다

이명재 시인은 보기 드물게 충청도 방언을 비롯한 개성적인 시어들을 지속적으로 시 속에 도입해온 사람이다. 이는 기표 언어가 인간의 욕망이나 내면을 매개하는 존재로 부각하고 있는 것과 무관하지 않다. 그가 충청도 방언을 시 속에 부단하게 끌어들이고 새로운 시어를 지속적으로 발굴하여 시에 도입하는 행위는 그 나름의 존재의 집을 지으려는 노력으로 보아야 할 것이다. 우리는 그가 충청도 방언을 비롯한 언어들을 사용하여 어떻게 시의 그릇을 채워 나가는지 살펴보고, 그것이 이명재 시세계 구축에 어떻게 기여하는지를 살펴봄으로써 이명재 시의 본질에 다가가고자 한다.

4월 첫 비가 쏟아놓은 꽃 무덤을 만났다
담장 아래 분이 다 지워지지 않은
개나리의 젖은 꽃잎 앞에 허리를 굽혔다

옛 제적등본에는
가지마다 흐드러진 꽃잎처럼
왜 그렇게 이쁜이가 많으냐
入粉이, 立芬이, 粒芬이

한자로만 이름을 등록하던 강점기의 서기는
잠깐 펜 머리를 갸웃거리다가
따님이 쌀가루처럼 뽀얗겠어요, 入粉이
따님은 꽃향기가 될 거예요, 立芬이, 粒芬이
한자는 달라도 이 땅의 싱그런 딸들은
모두 이쁜이다

그 많은 이쁜이들 가운데 내 이쁜이는 1953년 봄
스무 살의 남자를 만났다
노란 분이 다 지워지지 않은 신혼 한 달
전쟁터로 떠난 남자는
휴전 한 달을 못 기다려 6월 흙바람이 되었다

여름날의 땡볕이 장마처럼 쏟아지고
젖은 단풍처럼 눈발은 쏟아지고
다시 4월 개나리가 피던 날 이쁜이는
새봄 같은 여자아이를 낳았다

그런데 제적등본의 뒷자리가 노랗게 텅 비었다
다른 이쁜이들은 떨어진 자리마다
새 꽃망울의 이름 빼곡히 늘어섰는데
어느 곳에도 내 이쁜이와
더 작은 이쁜이의 뒷자리가 보이지 않는다

한 생애 노란 꽃잎만 보듬고 살다가
제적등본의 빈칸처럼 잊혀간 이름
4월 첫 바람에 진 이쁜이를 만났다
빗물에 젖어도 노랑 분이 선명한 낙화
누구도 기억하지 않는 꽃잎 한 장

-「개나리」 전문

꽃을 둘러싼 아기자기한 명칭이 사람 이름으로 채용된 사실을 시적 드라마로 포착한 흥미로운 작품이다. 화자는 첫 대목에 '4월 첫 비가 쏟아놓은 꽃 무덤을 만났다'라는 알레고리를 제시하고 있다. 꽃샘추위를 이기며 가장 먼저 봄을 알리는 전령사 가운데 하나인 개나리는 우수 경칩에 즈음하여 봄비를 만나면 우수수 지게 된다. 화자는 그것을 '꽃 무덤'이라는 메타포로 제시한다. 이는 단순히 자연 현상을 넘어 꽃샘추위라는 간난을 딛고 봄을 불러온 선구자는 난만한 계절의 기운을 누리지 못한 채 그만 지고 만다. 그처럼 채 봄을 누리지 못하고 진 꽃들의 풍경을 가리켜 화자는 는 '담장 아래 분이 다 지워지지 않은/ 개나리의 젖은 꽃잎'이라고 묘사하고 있다. 여기서 '분粉'은 꽃가루를 가리키는 것인데, 수꽃을 만나 제대로 수분하여 꽃가루도 만들지 못하는 현실을 환기한다.

나아가 그것은 일제와 한국전쟁에 이르는 수난기에 제대로 청춘을 누릴 여유도 없이 청춘이 꺾여버린 우리들의 누이와 어머니들의 슬픈 운명과 연결된다. '한자로만 이름을 등록하던 강점기의 서기'는 펜대를 굴리다가 '쌀가루처럼 뽀얗(다고) 入粉이', '꽃향기가 될 거(라며) 立芬이, 粒芬이' 등으로 싱그런 딸들의 이름을 호적에 올렸다. '모두 이쁜이'들이었지만 개중에는 일제의 강제징용에 끌려가기도 하고, 한국전쟁의 와중에 '스무 살의 남자를 만'나 '노란 분이 다 지워지지 않은 신혼 한 달'을 보냈지만 '전쟁터로 떠난 남자(가)/ 휴전 한 달을 못 기다려 6월 흙바람이 되'는 통에 청춘을 꽃피워 보지도 못한 채 '개나리가 피던 날/ … 새봄 같은 여자아이를 낳'고 그만 청상이 되는 비극을 맛보기도 하였다.

하지만 화자는 개나리 분을 닮은 이쁜이들이야말로 이 땅을 굳건히 지킨 주인공이라고 힘주어 말하고 있다. 이들은 비록 '제적등본의 빈칸처럼 잊혀'져 갔지만, 이 땅에 봄을 불러오는 선구자가 되었음을 곡진하게 밝히고 있다. 즉, 결구에서 '빗물에 젖어도 노랑 분이 선명한 낙화'는 '누구도 기억하지 않'지만 만개하는 봄을 불러오는 먼저 핀 꽃이라는 사유를 펼치고 있다. 봄을 앞당기는 선구자 개나리를 노랗게 물들이는 꽃가루를 '入粉이, 立芬이, 粒芬이' 등 고향 마을에 화사한 생기를 불러오던 이쁜이들을 은유의 다리가 선명하게 비치는 작품이다. 한자를 채용하여 우리들의 누이와 어머니들을 그리고 있지만 낯설기는커녕 생동감이 눈에 잡히듯 다가온다. 시인의 언어 감각을 잘 보여주는 작품이다.

세상이 춥다고
땅속까지 얼어붙진 않는다
겨울 밭에 귀 기울이면
바스락 바스락
봄씨들 꿈꾸는 소리

지난가을 뿌리내린 보리싹들이
푸른 잎으로 폭설을 떠받치고
시절처럼 싹을 틔운 풀잎들이
눈 속에 몸 웅그리고
푸른 중심 감싸고 있다

우수 경칩에 드리울 초록 꿈
두텁게 두텁게 웅크린 채
겨울 잎을 펼치는 시금치
밭도랑 겨울 햇살을 향해

푸른 깃을 세우는 갓 잎새

귀 기울이면 들린다
겨울 흙을 움켜잡고 근육 키우는
굵고 흰 뿌리들의 외침
옹송그리며 떨고 있는 냉이의 중심에 초록이 돋고
이름 모를 갈풀*들이
하얗게 일어서는 소리

땅속이 차갑다고
오는 봄까지 얼지는 않는다
바스락 바스락
희망을 세우는 소리

-「대한大寒」 전문

이명재 시인은 자신이 견지하고 있는 세계관을 좀처럼 겉으로 드러내는 법이 없다. 시적 의도를 겉으로 드러내는 법이 없지만, 자신이 즐겨 제대로 삼고 있는 꽃과 사물이 담지하고 있는 의미를 반추하는 가운데 그것을 은근하게 드러내는 전략을 취하고 있다. 위의 작품이 그 좋은 예이다.

화자는 제3자의 입장에 서서 보리싹, 시금치, 냉이 들의 겨울 살림을 들여다본다. 우선 첫 대목에 '세상이 춥다고/ 땅속까지 얼어붙진 않는다'는 아이러니를 제시함으로써, 비록 혹한 추위를 맞닥뜨려야 하는 계절임에도 불구하고 이겨내야 한다는 점을 환기한다. 즉 '겨울 밭에 귀 기울이면/ 바스락 바스락/ 봄씨들 꿈꾸는 소리'라고 언술함으로써, 찬 바람 몰아치는 혹한 속에서도 봄을 준비하는 것들이 숨어 있다고 말한다. 그 구체적인 전략은 '지난가을 뿌리내린 보리싹들이/ 푸른 잎으로 폭설을 떠받치고/ 시절처럼 싹을 틔운 풀잎들이/ 눈 속에 몸 웅그리고/ 푸른 중심 감싸'는 것으로 제시된다. 보리싹들은 흰 눈을 이불 삼아 푸른 잎을 맘껏 펼치고 또 다른 풀잎들은 제 몸을 혹한의 눈앞에 던지면서 제 안에 있는 다른 잎들을 감싸 겨울을 나도록 한다는 의미로 읽힌다.

사물의 생리를 통해 세계를 읽다

겨울의 냉혹한 손찌검에 굴하지 않고 푸르름을 펼치는 식물들은 하나같이 '우수 경칩에 드리울 초록 꿈/ 두텁게 두텁게' 간직하며 살아간다. '밭도랑 겨울 햇살을 향해/ 푸른 깃을 세우는 갓 잎새'는 '겨울 흙을 움켜잡고 근육 키우며' 굵고 흰 뿌리를 언 땅에 내려간다. 화자는 그럴 때 비로소 '웅송그리며 떨고 있는 냉이의 중심에 초록이 돋고/ 이름 모를 갈풀들이/ 하얗게 일어'선다고 말한다. 여기서 '갈풀'은 '갈보리, 시금치, 갓, 냉이, 달맞이꽃 따위, 늦가을에 싹이 튼 뒤 겨울을 견디고 이른 봄에 자라나는 풀들을 가리키는 말이다. 이 같은 갈풀들은 하나같이 겉에 있는 것들은 죽음을 각오하고 흰 눈과 추위를 견디면서, 제 안에 때 묻지 않은 연초록 새잎을 지켜봄에 활짝 기지개를 켜게 한다. 이 시의 장

점은 구구하게 발설하지 않는 가운데 갈풀들이 궁행하는 삶의 지혜를 빌어 인간사의 철리를 절실하게 환기한다는 점이다. 거칠고 강한 목소리로 말하는 것보다, 명징하고 차분한 객관적 상관물을 통해 말하는 것이 더욱 효과적이라는 것을 잘 말해주는 작품이다.

동일한 발상법을 바탕으로 창작된 「겨울 쑥대가 서 있는 까닭」, 「민들레」, 「12월의 미나리꽝」 등도 서늘한 감동의 물결을 갖고 다가온다.

이와 함께 이번 시집에서 눈길을 끄는 작품들은 개성적인 사투리나 토속어를 메타포로 한 일련의 작품들이다. 이명재 시인이 시에 도입하는 토속어들은 단순히 지역적 배경을 가진 말들이 아니라 이 땅을 지키며 살아가는 민초들의 정서와 한 몸이 된 것들이다. 취향의 언어를 떠나 그를 통해 보다 구체적이면서도 절실하게 민중 생활의 내면을 들여다보게 해주는 시어들을 그는 채택한다.

> 늦가을의 어둠들은
> 낮 동안 키워온 햇살들을 지우며 몰려다니고
> 연분홍으로 흔들리던 한낮의 웃음들
> 발아래 뉘여 잠들게 한다
> 깊고 거친 머리칼
> 검은 옷자락 하늘에 풀어내는 어둠
> 밤은 감춰 두었던 내일 아침을

잉태하는 중이다

10월의 길가에 가슴 섶 풀어 헤친
희고 붉은 색정의 웃음
하늘거려 가슴 저미던 저 코스모스는
이제 밤바람에 머리칼 꼿꼿이 세우고
어둠 속에서 꿈을 꾼다.
까만 씨앗 하늘로 흐르는
내년의 꿈을 꾼다

깊은 밤 돌아보면 거기
가로등의 불빛을 피한 검붉은 손각시의 행렬이
어둠 속 포도를 따라
강물로 흘러간다
흘러 흘러 색정의 바다
흐드러진 내년 10월의 꿈으로 밀려가는
11월의 코스모스

-「코스모스」 전문

화려하던 꽃들이 지고 제아무리 튼실한 열매들도 땅에 떨어져 누운 위로 찬 서리 덮이는 11월을 시간적 배경으로 삼은 작품이다. '늦가을의 어둠들은/ 낮 동안 키워온 햇살들을 지우며 몰려다니고/ 연분홍으로 흔들리던 한낮의 웃음들/ 발아래 뉘여 잠들게 한다'는 알레고리를 통해 화자는 11월이 쓸쓸한 조락의 계절이라는 점을 환기한다. 하지만 화자는 그 같은 냉혹한 계절의 채찍질 앞에 굴복하기보다 분연히 일어서야 한다고 말한다. 이어지는 대목에서 '깊고 거친 머리칼/ 검은 옷자락 하늘에 풀어내는 어둠/ 밤은 감춰 두었던 내일 아침을/ 잉태하는 중이다'라고 언술함으로써 사뭇 대척점에서 선 사유를 제시하고 있다. '거친 머리칼', '검은 옷자락', '내일 아침을 잉태 중' 등의 시어는 그 같은 사유를 절실하게 뒷받침하는 말들이다.

그 같은 사유를 객관적으로 대변해 주는 대상으로 화자는 코스모스를 택하고 있다. 즉, '희고 붉은 색정의 웃음/ 하늘거려 가슴 저미던 저 코스모스는/ 이제 밤바람에 머리칼 꼿꼿이 세우고/ 어둠 속에서 꿈을 꾼다'는 생동하는 묘사와 진술이 결합된 알레고리를 통해, 조락의 계절과는 등을 돌린 채 못다한 생명의 약동을 펼치고 싶은 것들이 우리 가운데 내재해 있음을 투시하고 있다.

화자는 그 같은 내심을 자질구레한 언어들을 늘어놓아 소명하지 않고 단단한 이미지를 지닌 시어로 응축하고 있다. 즉 '깊은 밤 돌아보면 거기/ 가로등의 불빛을 피한 검붉은 손각시의 행렬이/ 어둠 속 포도를 따라/ 강물로 흘러간다'고 묘사하고 있다. 여기서 주목되는 것은 '손각시'라는 말이다. 『한국민족문화대백과사전』에 따르면 '손각시'는 '시집을 가지 못한 처녀가 죽어서 된다는 귀신'을 가리키는 토속어이다. 혼기에 찬 처녀가 시집을 가지 못하고 죽어 한이 되어 악귀로 화하여 주로 자기 또래의 혼기에 차 있는 처녀에게 붙어 괴롭히고 해를 입힌다. 민간에서는 혼기가 된 처녀가 죽게 되면 그 혼령이 손각시가 되는 걸 두려워하여 매장할 때 남자의 옷을 입혀 거꾸로 묻거나, 사람의 내왕이 빈번한 십자로의 교차되는 곳에 은근히 묻어주는 경우도 있었는데, 이것은 간접적으로나마 남성이 그 위를 밟고 지나가게 함으로써 남성과 접촉을 할 수 있고, 못다 푼 한을 달랠 수 있다고 믿기 때문이다.

'10월의 길가에 가슴 섶 풀어 헤친' 코스모스가 불과 두어 달도 못 누린 채 조락의 계절을 맞는 것을 한사코 거부하면서 '희고 붉은 색정의 웃음'을 흘리는 것을 화자는 '손각시'로 메타포하고 있다. 이것은 단순히 코스모스의 식생을 그리는 데서 나아가, 항상 삶을 결실할 기회를 박탈당하고 다 저무는 가을에서야 작은 결실을 서둘러야 하는 우리 시대의 민초들의 삶을 연상시키기도 한다. '손각시'라는 토속어를 통해, 늘 미생未生으로 마감하게 되는 사람들은 시간에 쫓기지 않고 자신의 꿈을 지속적으로 가꾸어가고 있음을 주목해야 한다는 사유와도 단단하게 연결되어 있다.

> 홀로 사는 구순의 엄마는 혼자 살지 않는다
> 산자락에 매달린 함석집에는
> 6남매 떠난 자리마다 거미줄 피고
> 아버지의 괭이며 낫들이
> 검은 도깨비 뿔로 녹슬어가는 헛간
> 녹 붉은 장도리로 엄마는 못을 박으셨다
> 당신 방문 앞 마룻벽에

한 땀 한 땀 그림자를 박으셨다
쿵 쿵 쿵
귀곡성 못이 박힌 자리마다
6·25 참전용사 젊은 아버지
등져 손 맞잡지 못한 할머니
먼저 간 형제의 얼굴이 걸렸다
서러운 울음소리 벽 밖으로 솟구치는 밤이면
지독은 엄니의 잠을 깨웠다
엄마는 굽은 눈길을 더듬어
마룻벽의 어둠을 응시했다
미세먼지 같은 외로움이 캄캄하게 밀려오고
엄마는 미명의 얼굴들마다 갈퀴손을 얹었다
그런 밤이면 마룻벽이 웅성거렸다
칠흑 속에서 아버지가 총대를 내밀었다
손각시 된 청상의 할머니가 소복의 머리칼을 세웠다
잠 못 든 엄마의 꿈속에서
벽에 박힌 먼먼 날의 소리들이
쿵쿵쿵 가슴을 때렸다
구순의 엄마 집에는 귀신들이 산다
먼저 간 귀신들의 자리를 넘보며 엄마는
오늘도 손톱을 간다
머잖아 돌아갈 자신의 자리를 고르며
그리운 이름들 마룻벽에 쓴다

-「귀신의 집」 전문

삶의 모티프를 환기하는 토속어

위에 든 작품 역시 '지독', '손각시' 등의 토속어가 주요한 메타포로 채용되고 있다. '지독'은 '도깨비나 귀신들이 집채나 마룻바닥, 마당을 뒤흔드는 괴성'을 가리키는 충청도 사투리이다. 비록 실체가 보이지는 않지만, 집안에 스며 있는 원귀들이 억울한 일들이 신원되기를 온몸으로 갈망하는 정서를 가리키는 말이다. 화자는 첫 대목에 '홀로 사는 구순의 엄마는 혼자 살지 않는다/ 산자락에 매달린 함석집에는/ 6남매 떠난 자리마다 거미줄 피고/ 아버지의 괭이며 낫들이/ 검은 도깨비 뿔로 녹슬어가는 헛간/ 녹 붉은 장도리로 엄마는 못을 박으셨다'라는 알레고리를 제시하고 있다. 이를 통해 우리는 전쟁통에 남편을 잃고, 슬하의 6남매마저 객지를 떠도는 구순의 여인이 한이 사무친 나머지 '녹 붉은 장도리로 엄마는 못을 박'고 살아가는 비극적 현실을 연상할 수 있다. 그것은 '쿵 쿵 쿵/ 귀곡성 못이 박힌 자리마다/ 6·25 참전용사 젊은 아버지/ 등져 손 맞잡지 못한 할머니'라는 대목을 통해, 비극적인 동족상잔과 깊은 고리로 연결되어 있음을 암시한다.

나아가 '지독은 엄니의 잠을 깨웠다/ … /미세먼지 같은 외로움이 캄캄하게 밀려오고/ 엄마는 미명의 얼굴들마다 갈퀴손을 얹었다'라는 구절을 통해 억울한 일들이 해원 되지 못한 채 뿌리 깊게 남아 있음을 환기한다. 결구에서 '먼저 간 귀신들의 자리를 넘보며 엄마는/ 오늘도 손톱을 간다/ 머잖아 돌아갈 자신의 자리를 고르며/ 그리운 이름들 마룻벽에 쓴다'는 알레고리를 제시함으로써 거대한 역사의 수레바퀴 아래 눌린 민초들의 한을 환기하는 한편, 그것들이 하루빨리 해원되어야 한다는 점을 힘주어 말하고 있다. '지독'은 풀리지 않는 응어리 하나씩을 가슴에 품고 살아가는 우리 시대 민초들의 정신적 풍경을 상징하지만, 나아가 역사가 바로 서지 못한 채 그 아래 신음하는 민초들의 깊은 한과 해원을 향한 열망을 가리키는 말이기도 하다. 민속적인 차원에서 벗어나 토속어가 채 풀리지 않은 역사적인 과제를 방치해서는 안된다는 외침을 생생하게 담아낼 수 있음을 잘 보여주는 작품이다.

> 달빛이 발걸음에 그림자를 드리는 날은
> 강변 갈대 사이 바람이 부드러웠다
> 강 언덕에 앉아
> 나는 오래 강물을 쏘아보았다
> 바람이 강물의 어깨를 쓸고 갈 때면
> 달빛은 흠칫 출렁거렸다
> 달빛이 밝다는 것은
> 내 가슴이 어둡다는 것의 다른 이름이라는 것을
> 그때 알았다
>
> 그때 나는 여기에 너를 뿌렸다
> 눈물을 걷잡지 못하던 스무 살이었다
> 내 발짝을 따라 갈대들이 검은 머리칼을 내리쏟았다

달빛을 더듬어 배를 탔다
아득하게 일렁이는 백마강의 밤 파도
물결 하나가 내 옷을 치고 갔다

유골함에서 떠올린 뼛가루가
물결보다 더 어둡게 퍼져갔다
추우면 옷을 입어,
그 옷에 구름무늬 무슨 필요 있겠느냐
꽃이면 되지,
채색의 꽃잎 더 필요 있겠느냐
스무 살의 나는 그렇게 말했다
옷도 채색도 없이
총총총 별은 뜨고
마지막 빈 상자가 두둥실 별빛에 젖었다

별빛이 내 발자국에 떠오르는 날은
백마강 백사장이 더 붉었다
흐르는 강바람에 나를 맡기면
더러는 바다로 가고
더러는 강물 속에 가라앉아 침묵하던 네가
불쑥 손을 내밀었다
뱃전에 흔들리던 젊은 작별
나는 발자국을 기울여 별빛 한 잔 따라주었다

-「백마강」 전문

코로나가 왔다.
태양의 두르고 흐르던 눈부신 무지개들이
먼먼 발걸음을 서둘렀다
코로나가 왔다고
벚꽃이 치장을 했다
겨울 대기의 무채색을 지우며
도심과 산과 강
봄보다 희고도 붉은 드레스를 수놓았다
코로나가 왔다고
나무들이 잎을 틔웠다
세상 가득 용트림을 칠하며
산과 산 들과 들
봄보다 더 푸른 초록을 펼쳤다
그 푸른 기세에 놀라
사람들이 방안에 처박혔다
공장의 기계가 굴뚝들이 숨을 죽였다
하늘이 눈을 비며 미세먼지를 거두고
부둣가의 선박도 기름띠를 거둬
하얀 물결 부둣가에 풀었다

-「그해 봄, 코로나19」 전문

이명재 시의 또 다른 특성 가운데 하나는 일상에서 만나는 자연, 소소한 일을 시적 대상으로 삼으면서도 그것이 갖는 역사적이고 공동체적인 의미를 넉넉하게 갈무리해 간다는 점이다. 우리가 살아가는 일상에 면면히 역사가 살아 숨

쉬고 있으며, 개개인이 꾸려가는 역사는 단자적인 데 그치지 않고 공동체적인 의의를 내재하고 있다는 점을 그의 시는 설득력 있게 보여준다.

앞에 든 작품은 천년 백제의 한이 깃든 백마강을 시적 공간으로 삼고 있다. 하지만 화자는 이 작품의 어느 곳에서도 백마강이 품은 역사적 사실을 언급하는 대목은 찾아보기 어렵다. '달빛이 발걸음에 그림자를 드리는 날은/ 강변 갈대 사이 바람이 부드러웠다/ 강 언덕에 앉아/ 나는 오래 강물을 쏘아보았다'라는 대목에서 보이듯 개인적인 경험을 언급하는 데 그치고 있다. 하지만 이어지는 대목에서 '바람이 강물의 어깨를 쓸고 갈 때면/ 달빛은 흠칫 출렁거렸다/ 달빛이 밝다는 것은/ 내 가슴이 어둡다는 것의 다른 이름이라는 것을/ 그때 알았다'라고 진술함으로써 개인의 경험과 역사적 아픔을 연결시키고 있다. 겉으로 강물에 비친 '달빛(은) 밝'지만 '내 가슴(은) 어'두운 아이러니를 제시함으로써, 개인에게 내면화된 뿌리 역사의 아픔을 환기한다.

그 같은 아픔을 '그때 나는 여기에 너를 뿌렸다/ 눈물을 걷잡지 못하던 스무 살이었다', '유골함에서 떠올린 뼛가루가/ 물결보다 더 어둡게 퍼져갔다'라고 청춘의 꿈이 좌절된 상황을 알레고리화함으로써 개인의 상처와 아픔을 따스하게 덮거나 치유해주지 못하는 백제의 슬픔을 되새기고 있다. 나아가 '추우면 옷을 입어,/ 그 옷에 구름무늬 무슨 필요 있겠느냐/ 꽃이면 되지,/ 채색의 꽃잎 더 필요 있겠느냐'라고 언술함으로써 '밝은 달빛', '구름무늬' 등 번드르르한 외양이 필요한 게 아니라 '꽃'으로 상징되는 인간다운 삶이 필요하다는 사유를 펼치고 있다. 화자는 '흐르는 강바람에 나를 맡기면/ … / 강물 속에 가라앉아 침묵하던 네가/ 불쑥 손을 내밀었다'라고 언술함으로써 도도한 강물이 되어 흐르는 역사와 개인의 슬픔과 기쁨은 하나가 되어야 한다고 말한다. 나아가 '뱃전에 흔들리던 젊은 작별/ 나는 발자국을 기울여 별빛 한 잔 따라주었다'라고 언술함으로써 역사와 개인은 하나가 되어 흘러간다고 귀띔한다.

뒤에 든 작품에서도 그 같은 시적 사유는 더욱 확장되고 있다. 화자는 먼저 '태양의 두르고 흐르던 눈부신 무지개들이/ 먼먼 발걸음을 서둘렀다/ 코로나가 왔다고/ 벚꽃이 치장을 했다'고 언술함으로써 코로나19가 덮친 봄날을 그리고 있다. '눈부신 무지개', '(치장한) 벚꽃' 등의 시어를 통하여, 인간들이 화려한 문명을 누리는 봄날 한가운데를 코로나19 재앙이 덮쳤다는 것을 지적하고 있다. 이어지는 '도심과 산과 강/ 봄보다 희고도 붉은 드레스를 수 놓았다', '세상 가득 용트림을 칠하며/ 산과 산 들과 들/ 봄보다 더 푸른 초록을 펼쳤다'라는 대목을 통하여 코로나19의 역습 앞에 인간의 거대한 문명이 얼마나 나약한 존재인가를 말하고 있다.

화자는 '그 푸른 기세에 놀라/ 사람들이 방안에 처박혔다' 라는 아이러니를 통하여, 병마의 역습을 피하는 인간 단지의 유폐가 문명의 종말이 아닌, 반성을 통하여 새롭게 거듭나라는 메시지이기도 하다는 것을 환기한다. 독자들은 '푸른 기세'라는 시어에서 그 같은 시인의 숨은 의도를 읽어낼 수 있다. 결구 부분에 '공장의 기계가 굴뚝들이 숨을 죽였다'라는 알레고리를 배치하여 그 같은 사유를 뒷받침하고 있다. 과잉되고 비인간적인 문명에 브레이크를 걸어야 한다고 말하고 있는 셈이다. 쉴 새 없이 매연을 쏟아내던 공장 굴뚝이 잠시 쉴 때 '하늘이 눈을 비며 미세먼지를 거두고/ 부둣가의 선박도 기름띠를 거둬/ 하얀 물결 부둣가에 풀었다'라는 알레고리는 과잉과 폭주를 멈출 때 우리가 어떤 선물을 받는지 잘 보여주고 있다. 코로나19를 환유로 하여 과잉과 폭주로 치닫는 문명에 브레이크를 걸 때 인간 단지에 새 희망이 움튼다는 것을 넌지시 말해주고 있는 작품이다.

자연의 생명력으로 인간 회복을

이번 시집에서 주목이 가는 시편들은 가운데에는 자연의 넘치는 생명력에 기반한 것들이 다수 보인다. 이것은 이명재 시인이 꾸준히 관심을 기울여온 살아있는 충청도 말에 관한 관심, 일상에 숨은 역사의 숨은 고리에 대한 발견 못지않게 중요한 몫을 차지하고 있는 것으로 보인다. 날로 편리한 생활 수단이 도입되고 현대화된 문명의 이기가 시골구석까지 넘치는 사회가 되어가지만 여전히 인간다운 것들은 살아있는 자연에 있음을 시인은 구체적인 시를 통하여 확인하고 있다.

가로등의 비호를 받는 콩 줄기는

낙엽 지는 가을을 예견하지 못한다
마당 가에 가로등이 생기면서
동네의 어둠들은
밤이 깊을수록 저만치 물러났다
기차도 버스도
잠시 잊고 지나치는
동네의 산과 산 사이의 돌자갈 흩어진 밭두둑
아버지는 마당 가를 고이 일궈
예년처럼 검정콩을 심었다
밤이 없는 콩들의 나날
콩들은 밤과 낮을 구분하지 못해
가지와 잎을 마당 가에 가득 드리우고
여름내 아버지는
다른 곳의 콩보다 무지하게 식욕 왕성한
콩 줄기를 바라보며 고개를 저었다
가을이 가까워질수록
아버지의 얼굴엔 허허로운 웃음꽃이 피고
찬바람 일렁이는 지금
콩들은 열매 맺기는커녕
꽃도 피울 줄 모르는 시절이 되었다
이제 머잖아 서리가 내릴 텐데
얼마 못 가 저 푸른 식욕
조락으로 스러질 텐데
가을이 깊은 지금도 콩들은
기고만장 새잎만 틔우고 있다

-「가로등의 비호를 받는」 전문

어울려 살다 보면
누구나 상처를 나눈다
장마 뒤끝의 덕숭산 들풀들
머리꼭지에 꽃대궁 하나씩을 비녀처럼 꽂고
부쩍 몸집을 키웠다
아직 덜 마른 몸을 햇살에 널어놓고
꽃망울 받치던 잎의 가슴에 난
숭숭 손가락이 드나들
상처 구멍 말리고 있다

누군가 물어뜯고 간 풀잎의 생채기는
벌레들의 보금자리다
잎의 뒤쪽에 찰싹 웅크려
나도 잎이야, 몸뚱이를 풀빛으로 물들이며
고치를 엮는 벌레들
풀들은 구멍 난 생채기로 고치에 그늘 드리우고
아직 덜 붉은 꽃잎과 꽃잎 사이를 날며
풀잎의 상처 어루만지는
두어 마리 흰나비의 흔들림
함께 어울려 살다 보면
상처도 사랑이 된다

-「상처 나누기」 전문

자연의 무한한 생명력을 환기해 주고 있는 두 작품을 골라 보았다. 앞에 든 시에서 화자는 '가로등의 비호를 받는 콩 줄기는/ 낙엽 지는 가을을 예견하지 못한다'라는 명제를 제시하고 있다. 광합성을 잠시 멈추고 숙명을 이뤄야 할 밤에도 가로등 불빛 탓에 잠 이루지 못하는 콩 줄기를 보면서 화자는 문명의 반생명적인 폭력성을 강하게 느끼고 있는 것 같다. 이어지는 대목에서 '마당가에 가로등이 생기면서/ 동네의 어둠들은/ 밤이 깊을수록 저만치 물러났다'는 대목은 문명이 뿌린 불빛 탓에 시골 마을까지 밤에도 잠들지 못하는 상황을 지적하고 있다. 화자는 그 구체적인 상황을 '콩들은 밤과 낮을 구분하지 못해/ 가지와 잎을 마당 가에 가득 드리우고/ 여름내 아버지는/ 다른 곳의 콩보다 무지하게 식욕 왕성한/ 콩 줄기를 바라보며 고개를 저었다'라는 대목을 통해, 밤낮을 구분하지 못한 콩들이 줄기만 머쓱하게 자라는 모습 앞에서 되려 회의적인 아버지의 모습을 그리고 있다.

이는 겉으로 풍요로워 보이지만, '가을이 가까워질수록/ … / 콩들은 열매 맺기는커녕/ 꽃도 피울 줄 모르는' 불임작물로 전락해 버렸기 때문이다. 화자는 '이제 머잖아 서리가 내릴 텐데/ 얼마 못 가 저 푸른 식욕/ 조락으로 스러질 텐데/ 가을이 깊은 지금도 콩들은/ 기고만장 새잎만 틔우고 있다'는 알레고리를 제시함으로써, 낮과 밤이라는 순환의 질서를 지키지 않고 과잉으로 치달을 때 인간은 조락을 넘어 죽음의 위기를 맞을 수 있다는 경고음을 발하고 있는 셈이다.

뒤에 든 시도 들꽃들이 서로 어울려 살아가는 모습을 그리는 알레고리를 통해 사람살이의 비밀을 넌지시 들려주고 있다. 화자는 '장마 뒤끝의 덕숭산 들풀들/ … / 아직 덜 마른 몸을 햇살에 널어놓고/ 꽃망울 받치던 잎의 가슴에 난/ 숭숭 손가락이 드나들/ 상처 구멍 말리고 있다'라고 그려내고 있다. '꽃망울'과 '상처'의 대비를 통해 삶의 완성에 도달하기 위해서는 상처를 감수해야 한다고 말하고 있다. '누군가 물어뜯고 간 풀잎의 생채기는/ 벌레들의 보금자리다/ 잎의 뒤쪽에 찰싹 웅크려/ 나도 잎이야, 몸뚱이를 풀빛으로 물들'인다고 언술함으로써, 벌레들은 부지런히 수정을 도와 꽃망울을 맺게 하고, 꽃대를 받치고 있는 잎에 생긴 상처를 둥지로 하여 살아가는 모습을 그리고 있다. 서로 상처를 내는 것처럼 보이지만 실은 서로 부족한 부분들을 채워 주면서 도란도란 살아간다고 귀띔한다.

화자는 결구를 통해 '아직 덜 붉은 꽃잎과 꽃잎 사이를 날며/ 풀잎의 상처 어루만지는/ 두어 마리 흰나비의 흔들림/ 함께 어울려 살다 보면/ 상처도 사랑이 된다'고 말하고 있다. 이는 단순히 풀꽃과 벌레의 관계를 넘어 사람살이도 겉으로는 서로 상처를 안기는 것처럼 보이지만 실은, 이웃을 위해 상처를 감수하면서 함께 힘이 되어주며 살아간다는 것을 암시하고 있다. 자연 속에서 생물들이 어울려 살아가는 모습을 그리고 있지만, 서로에게 상처를 안기면서 함께 어울려 살아가는 사람살이의 모습을 환기하는 알레고리이다.

이제까지 이명재 시인의 새 시집을 중심으로 그의 시세계를 조명해 보았다. 이명재 시인은 자신이 견지하고 있는 세계관을 좀처럼 겉으로 드러내는 법이 없다. 시적 의도를 겉으로 드러내는 법이 없지만, 자신이 즐겨 제대로 삼고 있는 꽃과 사물이 담지하고 있는 의미를 반추하는 가운데 그것을 은근하게 드러내는 전략을 취한다.

또한 그는 보기 드물게 충청도 사투리를 중심으로 한 개성적인 시어들을 발굴하고, 사전을 넘어선 그만의 개성적인 의미망을 구축하는 데 주력하고 있다. 그가 시에 도입하는 토속어들은 단순히 지역적 배경을 가진 말들이 아니라 이 땅을 지키며 살아가는 민초들의 정서와 한 몸이 된 것들이다. 취향의 언어를 떠나 그를 통해 보다 구체적이면서도 절실하게 민중 생활의 내면을 들여다보게 해주는 시어들을 그는 채택하고 있다. 그를 통해 직접적으로 역사적 사실을 말하지는 않지만 은근히 그 깊은 속내를 암시하는 전략을 취하는 것을 볼 수 있다.

이명재 시의 또 다른 특성 가운데 하나는 일상에서 만나는 자연, 소소한 일을 시적 대상으로 삼으면서도 그것이 갖는 역사적이고 공동체적인 의미를 넉넉하게 갈무리해 간다는 점이다. 우리가 살아가는 일상 속에 면면히 역사가 살아 숨쉬고 있으며, 개개인이 꾸려가는 역사는 단자적인 데 그치지 않고 공동체적인 의의를 내재하고 있다는 점을 그의 시는 설득력 있게 보여준다.

이 같은 일련의 시적 전략을 이번 시집은 잘 보여주고 있다. 그만이 가진 개성적인 토속어, 사물의 묘사와 생리에 바탕한 알레고리를 통해 사람살이의 속내를 탄탄하고 감동 깊게 그려내는 그의 시작법은 우리 시를 풍요롭게 하는 게 기여를 할 것으로 보인다. 이명재 시인이 그의 시세계를 더욱 심화하여, 우리 시의 한 진경을 열어주기 바라면서 작은 논의를 마친다.

똥집대로 산다

찍은날　2023년 8월 10일
펴낸날　2023년 8월 15일
지은이　이명재
펴낸이　박몽구
펴낸곳　도서출판 시와문화
주　소　13955 경기 안양시 동안구 경수대로883번길 33,
103동 204호(비산동, 꿈에그린아파트)
전　화　(031)452-4992
E-mail　poetpak@naver.com
등록번호　제2007-000005호(2007년 2월 13일)
ISBN　978-89-94833-95-8(03810)

정 가　12,000원

*이 시집은 2023년도 충청남도, 충남문화관광재단의 지원으로 발간되었습니다.